꽃으로 피어난 나의 손가락

꽃으로 피어난 나의 손가락

초판 1쇄 인쇄 2025년 03월 20일
초판 1쇄 발행 2025년 04월 10일

신고번호	제313-2010-376호
등록번호	105-91-58839
지은이	열린 하송현
발행처	보민출판사
발행인	김국환
기획	김선희
편집	조예슬
디자인	다인디자인
ISBN	979-11-6957-323-8 03810
주소	경기도 파주시 해올로 11, 우미린더퍼스트@ 상가 2동 109호
전화	070-8615-7449
사이트	www.bominbook.com

· 가격은 뒤표지에 있으며, 파본은 구입하신 서점에서 교환해드립니다.
· 이 책은 저작권법에 의하여 보호를 받는 저작물이므로 무단 전재와 복사를 금합니다.

꽃으로 피어난
나의 손가락

· 열린 하송현 지음 ·

내 삶의 모든 순간, 그분이 계셨다

보민출판사

【추천사】

　삶의 여정에는 수많은 순간들이 있다. 기쁨과 슬픔, 도전과 좌절, 그리고 기적과 은혜. 그러나 이러한 순간들이 한 사람의 믿음 속에서 하나의 흐름으로 이어질 때, 그것은 단순한 개인의 이야기가 아니라 하나님의 손길이 깃든 신앙의 증거가 된다. 이 책『꽃으로 피어난 나의 손가락』은 바로 그러한 이야기다.

　이 책은 저자의 삶을 관통한 하나님의 역사와 사랑을 고스란히 담고 있다. 때로는 흔들리며, 때로는 두려움 속에서 길을 찾지 못했던 시간들 속에서도 저자는 언제나 하나님을 붙잡았다. 하나님께서 그녀의 기도에 응답하셨고, 그녀가 걸어온 길을 인도하셨으며, 그 모든 순간 속에서 함께하셨다. 그렇기에 이 책은 단순한 자서전이 아니다. 그것은 한 신앙인의 삶을 통해 우리가 다시금 하나님을 향한 신뢰를 다지게 하는 살아있는 간증서다.

책 속에서 펼쳐지는 이야기는 감동적이었다. 어려움 속에서도 하나님을 의지하며 걸어온 인생, 헌신과 섬김의 발자취, 그리고 믿음 속에서 발견한 기적들이 한 장 한 장 펼쳐진다. 저자는 자신의 삶을 솔직하게 나누며, 그 속에서 하나님께서 어떻게 역사하셨는지를 차분한 어조로 증언한다. 무엇보다 이 책의 가장 큰 미덕은 강한 신앙의 힘이 아니라, 연약한 인간이 어떻게 하나님 앞에서 무릎 꿇고 응답을 받을 수 있는지를 보여주는 데 있다. 그것이야말로 우리 모두가 경험하고 싶은 하나님의 손길이 아닐까 싶다.

특히 저자가 뉴욕에서 시작한 작은 곰탕집 이야기는 단순한 성공담이 아니었다. 그것은 오롯이 하나님께 모든 것을 맡기고 기도로 걸어온 길이었고, 부족한 형편에서도 베풀기를 멈추지 않은 마음, 사업을 통해 하나님께 영광을 돌리고자 했던 간절한 소망이 고스란히 느껴진다. 저자는 사업을 통해 물질적 성공을 거두었지만, 그보다 더 소중한 것은 하나님의 기적이 삶의 곳곳에서 이루어졌다는 확신이다. 기도로 시작한 작은 가게가 하나님께 맡겨졌을 때, 그것은 단순한 경제적 자립을 넘어 신앙의 여정이 되었다고 증언한다.

이 책을 읽으며 깨닫게 되는 것은 '믿음의 삶은 혼자가 아니라는 것'이다. 하나님께서 인도하시는 삶에는 항상 그분의 사람들을 통한 응답이 있다. 손길이 필요할 때 다가온 이들, 낯선 곳에서도 신앙을 이어갈 수 있도록 도와준 사람들, 그리고 때로는 한마디 말 없이도 하나님이 보내신 천사와 같았던 존재들. 저자의 삶에서 하나님이 마련하신 길은 단순히 기도 속에서만 존재하는 것이 아니라, 실제로 삶 속에서 여러 사람들을 통해 이루어졌다.

이 책은 믿음이 흔들릴 때, 하나님이 멀게만 느껴질 때 읽어야 할 책이다. 저자가 겪었던 순간들이 우리 삶의 어느 한 부분과 닮아있음을 발견할 때, 우리는 다시금 하나님의 사랑을 기억하게 된다. 그리고 깨닫게 된다. 삶의 가장 힘든 순간에도 하나님은 우리와 함께 계시며, 기적은 결코 먼 곳에서만 일어나는 것이 아니라, 바로 우리 곁에서 피어나는 것이라는 사실을 말이다.

이 책을 통해 많은 이들이 다시금 하나님을 향한 신뢰를 되새기길 바란다. 삶의 방향을 찾고자 하는 이들에게, 믿음의 길을 걸으며 지쳐 있는 이들에게, 그리고 하나님의 응답을 기다리는 이들에게 이 책이 따뜻한 위로가 되고, 새로운 희망이 되기를 소망한다.

2025년 3월

편집위원 **김선희**

【글을 쓰며】

　처음 자서전 출간을 권유받았을 때 나의 심정은 무겁고 복잡했다. 살아온 세월 속에서 느꼈던 기쁨과 슬픔, 좌절과 기적들을 되돌아보는 것 자체가 큰 숙제처럼 느껴졌기 때문이다. 무엇보다도 '내 이야기가 정말로 가치가 있을까? 이 이야기를 통해 누군가에게 은혜와 위로를 전할 수 있을까?' 라는 생각이 계속해서 마음을 짓눌렀다. 그동안 오로지 하나님의 인도하심을 따르며 살아온 내 삶을 돌아보는 것만으로도 벅찼다. 나는 하나님께 기도를 드렸다.
　'하나님, 이 책을 쓰는 것이 과연 옳은 길입니까? 이 책을 통해 제가 무엇을 해야 하는지 알려주시옵소서.'
　그렇게 기도하며 하나님 앞에 엎드렸다. 기도를 마치고 마음이 차분해지기 시작했다. 그리고 나는 오랜 고민 끝에 한 가지 확신을 얻었다. 내가 겪은 수많은 일들, 기적들 그리고 하나님의 사랑을 나누는 것이야말로 내가 해야 할 일이라는 것을 말이다.

책을 쓰는 것이 두려웠던 순간도 있었지만, 그 두려움 속에서 하나님께서 주신 평안이 하나님이 주신 응답이란 것을 알았다. 지금 이 책을 통해 전하고 싶은 것은 오직 하나다. 하나님이 얼마나 크고 신실하신 분인지, 그분의 사랑과 은혜가 나의 일생을 어떻게 변화시켰는지를 전하고 싶다. 이 책은 단순히 내 이야기가 아니다. 이 이야기는 하나님의 사랑이 어떻게 사람의 인생을 바꿀 수 있는지, 그분을 의지하며 사는 삶이 얼마나 복된 삶인지를 보여주는 증거이다.

나이 80을 바라보는 지금, 나의 인생을 하나님의 손에 온전히 맡겼던 그 순간들이 얼마나 소중한지 깨달았다. 이 자서전이 나의 신앙의 여정을 담은 만큼 하나님의 은혜를 증언하는 통로가 되길 바란다. 부족한 나를 통해서도 하나님께서 행하신 일들이 있음을 고백하며, 이 책이 하나님께 드리는 작은 헌신이 되기를 기도한다.

2025년 3월

열린 하송현

【목차】

추천사 _ 4
글을 쓰며 _ 8

㉮ 하나님의 딸 열린 하송현 _ 12
㉯ 하나님의 품으로 나를 이끌다 _ 19
㉰ 하나님이 주신 나의 동반자 _ 29
㉱ 테이블 세 개로 시작한 하나님의 사업 _ 43
㉲ 두려움 없는 도전 '뉴욕 곰탕 하우스' _ 56
㉳ 욕심과 용서 _ 64
㉴ 고난 끝에 세운 하나님의 집 _ 75
㉵ 내 삶을 인도한 하나님의 천사들 _ 92
㉶ 하나님이 지켜주신 나의 가족, 나의 아이들 _ 104
⑩ 강대상의 꽃으로 피어난 나의 손가락 _ 134
⑪ 언제나 내 편이신 나의 하나님 _ 139
⑫ 끝없는 하나님의 은혜 _ 149
⑬ 하나님과 함께하는 나의 삶 속의 수많은 기적 _ 155
⑭ 하나님께 드리는 순종과 감사 _ 166
⑮ 하나님이 주신 마지막 숙제 _ 177
⑯ 하나님과 함께하는 삶 _ 187

꽃으로 피어난
나의 손가락

"너의 행사를 여호와께 맡기라.
그리하면 네가 경영하는 것이 이루어지리라."

01

하나님의 딸
열린 하송현

....

"주께서 나의 내장을 만드셨고, 나의 어머니 뱃속에서 나를 빚으셨습니다. 내가 주님을 찬양합니다. 주님께서 나를 놀랍고도 아름답게 만드셨기 때문입니다. 주님의 작품은 놀랍습니다. 이 사실을 제 마음 깊이 깨닫고 있습니다." (시편 139:13~14, 쉬운말 성경)

....

하나님의 딸로 살아간다는 것은 마치 그분의 손길 속에서 자신의 존재가 얼마나 특별하고 귀한지 매일 깨닫는 삶이다. 시편 139:13~14의 말씀은 나의 시작부터 지금까지 이어지는 하나님의 세밀한 사랑과 계획을 깊이 생각하게 한다. 이 말씀을 접할 때마다 내 존재가 우연이나 단순한 생명의 흐름 속에 있지 않고 하나님의 섬세한 계획과 뜻 속에서 태어난 것임을 깨닫는다. 나의 삶에 우연이란 없으며, 그분의 눈 속에 나는 너무나도 특별한 존재임을 깨닫게 되었다.

이러한 깨달음은 내가 살아가는 방식에도 큰 변화를 가져왔다. 세상은 종종 나의 가치를 외모나 성공, 물질적인 것들로 평가하려 하지만, 나는 하나님의 시선 안에서 나의 진정한 가치를 본다. 나의 모든 존재, 나의 마음, 나의 몸, 나의 영혼은 하나님이 친히 빚어 만드신 기묘한 작품이다. 그분이 나를 어떻게 형성하셨는지 생각할 때 내 인생의 순간순간이 그분의 계획 안에 있다는 사실이 나에게 깊은 평안을 준다.

살아가는 동안 때로는 내 앞길이 막막해 보일 때도 있고, 세상의 시련이 나를 흔들 때도 있지만, 나는 언제나 나를 만드신 그분의 손길을 느낄 수 있었다. 그분은 나의 내장을 지으신 분이기에 내 마음과 생각을 누구보다 잘 아시고, 내 길을 인도하실 수 있는 유일한 분이다. 그러기에 나는 그분의 딸로서 하루하루를 살아갈 때마다 나를 향한 그분의 섬세한 계획과 은혜를 믿으며 나아갈 수 있었다. 그렇기에 나는 그분의 딸로서 살아가는 것이 얼마나 큰 복인지를 날마다 새롭게 깨닫는다.

하나님의 딸로 사는 삶은 단지 나 혼자만의 신앙의 여정이 아니다. 그분과의 관계 속에서 나를 통해 나의 소중한 가족과 다른 사람들에게도 그분의 사랑이 흘러가기를 소망하는 마음을 품게 된다. 내가 받은 이 사랑과 은혜가 다른 이들에게도 전해져 그들도 하나님의 특별한 딸, 아들로서 살아갈 수 있도록 그분의 사랑을 나누고 싶어진다.

어릴 적부터 나는 하나님께서 나를 부르신다는 느낌을 받았다. 아무도 나에게 교회당에 가라고 하지 않았지만, 항상 내 안에 있는 어떤 힘이 나를 이끌어 교회당으로 향하게 했다. 교회당에 갈 때마다, 특히 문을 열고 들어설 때면 나는 알 수 없는 감정에 사로잡히곤 했다. 교회당 안의 고요함, 그리고 그 안에 머무는 은은한 공기는 나를 차분하게 만들면서도 동시에 내 마음 깊은 곳에서 무언가를 터뜨렸다. 그것은 설명하기 어려운 감정이었다. 눈물이 저절로 흘러내렸고, 나 자신도 왜 그런지 알 수 없었다. 눈물이 차오를 때마다 나는 혼란스러웠다. 나는 그 감정의 원인을 무엇인지 이해할 수 없었기에 가끔은 교회를 피하기도 하였다. 그러나 시간이 지나면 어김없이 그리운 마음이 밀려와 다시 교회당으로 발걸음을 돌리곤 했다. 찬송가의 선율이 흘러나올 때면 내 마음속 어딘가가 깊게 울렸고, 그 소리에 다시 마음이 열렸다.

24살이 되었을 때 어느 날, 언니가 나에게 말했다.
"내일 주일인데 같이 교회당에 가자. 내가 데리러 갈게."
그 순간 나는 알 수 없는 묘한 안도감을 느꼈다. 교회를 멀리한 시간이 있었음에도, 다시 발걸음을 하게 해준 언니가 어딘지 모르게 따뜻하게 느껴졌다. 나는 "그래…" 하고 대답했다. 그러나 주머니를 열어보니 헌금할 돈이 없었다. 잠시 머뭇거렸지만, 그때 언니가 내 눈치를 보더니 부드럽게 미소를 지으며 말했다.
"걱정 마. 내가 줄게."
그 말이 얼마나 따뜻하게 느껴졌는지 모른다. 마치 하나님의 손길이 내 어깨를 감싸 안아주는 것 같았다. 언니와 함께한 6개월 동안 나는 언니가 준 돈으로 헌금을 드리며 예배를 드리러 갔다.

그러던 어느 날이었다. 여느 때처럼 언니가 주머니를 뒤적거리며 돈을 찾고 있었다.
'너 주머니에 돈이 있지 않니?'
그 순간 내 귀에 들려온 목소리! 언니의 말이 아닌 내 마음속에 직접 울려 퍼지는 소리였다. 그 말은 마치 하나님의 음성이 내 마음속에 조용히 속삭이는 것 같았다.

'내가 너에게 준 것이 있잖니? 이제는 그것으로 나에게 드려라.'

그 음성은 내 안에서 조용하면서도 확실하게 울렸다. 그 음성은 너무나 명확했고, 내 안에 있던 어떤 진리가 부드럽게 깨어나 내가 그동안 외면해왔던 깨달음을 꺼내어 보여주는 것 같았다. 나는 언니에게 말했다.

"언니, 이젠 내가 내 돈으로 헌금을 할게."

"그래, 이제 철들었네! 그동안 네가 돈이 없어 못 낸 거 아닌 거 알고 있었지만 스스로 알게 될 날을 기다렸는데. 착하네, 내 동생."

언니는 웃으며 말했다. 온전한 내 의지로 신앙생활을 하라는 하나님께서 보낸 메시지였으리라. 그때부터 나는 내 돈으로 하나님께 헌금을 드리기 시작했다.

시간이 흘러 6개월이 지나고 어느덧 1년이 되어가던 무렵 목사님께서 나에게 성가대에 앉으라고 하셨다. 그때 문득 나는 본전 생각이 났다.

'내가 바친 이 돈, 본전을 뽑으려면 어떻게 해야 하지?'

그렇게 생각하며 고민하던 중, 하나님께서 내 마음에 또 한 번 깨달음을 주셨다.

'말씀을 잘 듣고, 제일 앞자리에 앉아라. 그리고 예배에 일찍 와라.'

그 깨달음은 내 안에 강하게 자리 잡았고, 나는 매주 일찍 교회당에 가서 제일 앞자리에 앉아 말씀을 듣기 시작했다. 그 앞자리는 마치 하나님의 자리처럼 느껴졌고, 나는 그 자리에 앉을 때마다 더욱 집중해서 말씀을 들었다. 그렇게 얼마간 시간이 지나고 다시 목사님이 성가대에 앉으라고 하셨을 때 나는 또 주저했다.

"저는 찬양을 잘하지 못하는데요…"

"괜찮아요. 앉아 있기만 해도 됩니다."

목사님은 미소를 띠며 말씀하셨다. 그래도 나는 망설였고, 그날 집에 돌아와 언니에게 물었다.

"언니, 성가대에 앉으라고 하는데 어떻게 해야 할까?"

언니는 웃으며 말했다.

"내 옆에 앉아. 내가 가르쳐 줄게."

목사님과 언니의 응원에 나는 성가대에 앉아 찬양을 드리기 시작했다. 그렇게 시작한 성가대는 결혼하고 나이가 들어서도 이어졌고, 70이 넘은 지금도 여전히 하나님께 찬양을 드리고 있다. 찬송가가 울려 퍼지고 그 아름다운 음률이 교회당 안에 가득할 때마다 내 마음은 하나님께 더 가까이 다가가는 것 같았다. 찬양할 때마다 내 영혼은 마치 하나님의 손길에 이끌려 바람에 실려 가듯 평온해졌다. 그분의 손길은 언제나 나를 감싸 안아주었고, 내가 살아가는 모든 순간에 은혜가 가득했다. 그분이 나를 품으시는 따뜻함은 언제나 내 곁에 있었다.

코로나로 인해 성가대를 잠시 그만두게 되었을 때도 내 마음속에는 여전히 하나님의 부르심과 인도하심이 흐르고 있었다. 하나님께서 내게 주신 그 깨달음과 확신은 여전히 나를 이끌어주고 있다. 나는 그분의 말씀을 따라 살아왔고, 앞으로도 그분의 음성에 순종하며 살아갈 것이다. 그 길이 내가 걸어온 길이자 앞으로도 걸어갈 길이라는 확신이 내 안에 가득하다.

02

하나님의 품으로
나를 이끌다

....

"내가 이스라엘에게 걸음마를 가르치고, 내 팔로 그들을 안아주었지만, 그들은 내가 그들을 치료한 줄을 알지 못했다. 나는 사람의 줄, 사랑의 띠로 그들을 이끌었고, 그들에게 무거운 멍에를 벗겨주었으며, 몸을 굽혀 그들에게 먹을 것을 주었다."
(호세아 11:3~4, 쉬운말 성경)

....

하나님의 사랑은 내 삶의 구석구석에 깊이 스며들어 있다. 호세아서 11:3~4의 말씀처럼 하나님께서는 나의 걸음을 가르치시고, 나를 안아주셨다. 비록 내가 그 사랑을 깨닫지 못하고, 때로는 그분의 뜻을 알지 못할 때가 많았지만, 하나님의 손길은 항상 나를 붙잡고 계셨다. 하나님은 나를 사랑으로 이끌어주셨고, 그분의 사랑 속에서 나의 모든 연약함이 감싸였다는 사실을 고백한다.

내 삶의 여정은 순탄하지 않았다. 때로는 깊은 어둠 속에서 헤매기도 하고, 혼자라 느낄 때도 있었다. 하지만 하나님의 사랑은 언제나 나를 이끄셨다. 호세아서의 말씀대로, 그분은 나의 목에서 무거운 멍에를 벗겨주셨다. 세상의 짐이나 고난이 나를 짓누를 때 하나님은 그 짐을 대신 져주셨고, 나는 자유를 얻었다.

이렇게 하나님의 품안에서 살아가는 것은 나의 가장 큰 소망이다. 그분의 사랑 속에서 나는 안전함을 느끼고, 그 안에서 진정한 평안을 경험한다. 내가 인생의 어느 길목에서 방황하든지 하나님은 언제나 그곳에 계신다는 확신이 내 안에 있다. 하나님께서 나의 삶을 어떻게 인도하실지 그 모든 과정을 신뢰하며 나아가고 있다.

20대 초반의 일이다. 하나님의 품에서 생활하던 어느

날 성가대에서 합창하고 있는데 머리가 계속 아팠다.

'아버지, 제 머리를 낫게 해주세요. 아프지 않게 해주세요.'

나는 늘 하던 대로 하나님께 기도했다. 기도를 계속하고 있는데 어디선가 찬바람이 내 머리를 스치고 지나갔다. 나는 에어컨 바람인 줄 알았는데, 그 순간 내 머릿속 통증이 싹 사라졌다. 이상하게도 그때부터 70이 넘은 지금까지 내게 두통은 없다. 그때 나는 시원하게 불어주던 그 바람이 '아버지께서 나의 기도를 들어주신 거구나'라고 생각했다. 하나님께서는 내가 말하는 한마디 한마디를 다 들어주시는 분이라는 확신이 들었지만, 그때는 너무 어려서 말씀을 깊이 읽지 않았다. 그냥 교회에 다니며 예수님을 믿는 것에 만족했고, 그 이상 깊이 들어가지 못하고 있었다.

하지만 미국에 오고 나서 외로움이 커지자 나는 자연스레 하나님께 더 매달리게 되었다. 미국에 막 도착했을 때였다. 이 낯선 땅에서 믿음을 지키며 예배드릴 교회를 찾는 것이 얼마나 힘든 일인지 그때는 몰랐다. 그저 한국에서처럼 교회당에 가서 예배를 드리면 되겠거니 생각했다. 마음을 가다듬고 예배드릴 마음으로 단정한 옷으로 갈아입은 뒤 주일마다 한인교회를 찾으러 나섰다. 주변을 둘러보니 교회당 건물은 여기저기 참 많아 보였다.

'미국에도 이렇게 교회가 많구나. 그중에 한인교회도 분명히 있겠지.'

그런 생각을 하며 기대감을 품고 찾아다녔다. 그러나 현실은 예상과는 달랐다. 처음 찾아간 곳은 미국 교회였다. 백인들로 가득한 교회당에 발을 들여놓는 순간 마음이 얼어붙었다. 찬양 소리는 아름다웠지만, 낯선 언어의 성경 말씀과 예배 분위기에 적응하기가 쉽지 않았다.

'한인교회를 이렇게 찾기 힘들다니…'

속이 상했다. 한국어로 찬송하고, 한국어로 기도하고 싶은 마음이 간절해졌다.

어느새 석 달이 지났다.

'이번 주는 어딜 가야 하나?'

마음이 무거웠다. 결국, 언니 집에나 가서 시간을 보내기로 했다. 달리 갈 곳이 없었다. 한숨을 내쉬며 하나님께 마음을 쏟아놓기 시작했다.

'아버지, 한인교회를 찾을 수가 없어요. 이렇게 주일마다 헤매고만 있네요. 오늘은 언니네 집으로 가고 있지만, 제발 한인교회를 찾아주세요. 간절히 원합니다. 하나님, 길을 인도해 주세요.'

마음 깊은 곳에서 우러나오는 간절함이 기도 속에 녹아들었다. 기도하는 동안 마음속에 희미한 희망의 불씨가 타올랐다.

'이번에는 혹시 찾을 수 있을지도 몰라.'

언니네 집으로 가는 도중에 무심코 길을 바라보는데, 저 멀리 어딘가에 조그만 교회당 하나가 보였다.

'어? 저게 뭐지?'

순간 마음이 쿵 하고 뛰었다. 뭔가 이끌리듯 그곳으로 다가갔다. 낡은 교회당 건물은 겉으로 봐선 한국 교회당인지 알 수 없었지만, 묘한 끌림이 있었다. 마음속에서 설렘과 긴장감이 교차했다.

'설마… 정말 이곳이 한인교회일까?'

기대 반, 불안 반으로 교회당 건물을 응시하던 그때, 시계는 11시를 가리키려 하고 있었다. 11시가 조금 안 된 시간이었다. 이윽고 교회당 입구에 작은 움직임이 보였다. 누군가 문을 열고 나오는 모습이 희미하게 눈에 들어왔다. 가슴이 쿵쾅거렸다.

'제발, 한국 사람이길…'

그렇게 간절히 바라면서 가만히 서서 그곳을 바라보았다. 마치 그 순간에는 세상이 멈춘 듯했다. 그리고 문이 열렸다. 그런데 문을 연 사람은 미국 여자였다.

'아, 또 미국 교회인가?'

한숨이 나왔다. 그렇지만 그대로 발길을 돌릴 수는 없었다. 내가 이곳에 온 것이 우연이 아니라는 생각이 자꾸 들었기 때문이다. 그 여자가 내게 다가왔다. 긴장으로 인해 온몸에 힘이 들어갔다.

"무엇을 도와드릴까요?"

그 여자가 영어로 물었다. 하지만 귀에 잘 들리지 않았다. 그 여자가 계속 무언가를 물어보았다.

"어느 나라에서 왔나요?"

순간 차가운 공기가 나를 감쌌다.

"코리아."

나는 낙담한 채로 힘없이 대답했다. 그러자 여자가 나를 쳐다보더니

"아, 코리안!"

그리고 잠시 생각하더니 다시 말했다.

"여긴 코리안 교회는 아니에요. 그러나 도움 줄 분이 계세요. 따라오세요."

영어가 익숙하지 않았던 나는 그녀의 말을 다 이해할 순 없었다. 한숨이 절로 나왔다.

'아, 여기도 아니구나.'

그렇게 실망이 몰려오는 순간, 그 여자가 내 손을 잡고 교회당 안으로 이끌었다. 어안이 벙벙했다.

'이렇게 들어가도 되는 건가?'

몸은 무겁게 따라갔지만, 마음속에는 작은 희망이 남아있었다. 문을 열고 들어가니 교회당 내부는 조용했고, 나에게 뒤쪽에 앉으라고 손짓했다. 무슨 말을 해야 할지 몰라 그저 자리에 앉았다. 자리에 앉자마자 눈물이 왈칵 쏟아졌다.

'여기도 아닌가 봐요, 아버지. 도대체 어디로 가야 하나요?'

예배 시간 내내 실망과 간절함이 슬픔으로 변하며 가슴이 먹먹해졌다. 한참을 그렇게 숨죽여 울었다. 그렇게 혼자 울고 있는데 뭔가 부스럭거리는 소리가 들려왔다. 눈을 들어보니 헌금 바구니가 사람들 사이로 지나가고 있었다.

'나도 뭔가 드려야 하는데.'

마음속에 떠오르는 생각은 그저 하나님께 무언가 바치고 싶다는 것이었다. 주머니를 뒤적여 보니 10달러짜리 지폐가 손에 잡혔다. 잠시 망설였지만, 이내 주머니에서 지폐를 꺼내 헌금 바구니에 넣었다. 10달러는 그 당시엔 큰돈이었던지라 금액이 많다고 고개를 저으며 만류했다. 나는 잠시 난처한 마음에 주위를 보다가 아픈 어린이를 위한 모금을 하는 봉투가 있길래 보여주었다. 그러자 감사하다며 헌금을 받으셨다. 헌금 봉투가 바구니에 툭 떨어지는 순간, 작은 예물이지만 하나님께 드렸다는 생각에 마음이 조금은 편안해졌다.

그렇게 예배가 끝나고 그 여자가 내게 다가와 손짓하며 어디론가 안내했다. 무슨 일인지 알 수 없었지만, 나도 모르게 그녀를 따라갔다. 불안함과 낯선 상황에 긴장했지만, 그 여자의 부드러운 표정이 그나마 위로가 되었다. 계단을 따라 내려가다 보니 지하실로 연결되어 있었다. 지하실에는 작은 공간이 있었는데, 거기엔 사람들이 모여 서로 마주 앉아 커피를 마시며 빵을 나누고 있었다. 여자는 나를 안내하여 자리에 앉혔다. 곧이어 내 앞에 커피 한 잔과 작은 빵이 놓였다. 따뜻한 커피 향이 코끝을 간지럽혔고, 나는 잠시 마음의 안정을 찾으려 깊게 숨을 들이마셨다.

그때 그 여자가 목사님에게 다가갔다. 미국인 목사님이 커피를 마시며 사람들과 이야기를 나누고 있었다. 여자가 나를 가리키며 무언가를 말하는 모습이 보였다. 심장이 두근거렸다. 불안감과 기대감이 동시에 밀려왔다. 그들의 대화가 이어지는 가운데, 갑자기 목사님의 말이 내 귀에 스쳐 지나갔다.

"코리안? 미스터 김이 한국인이잖아요?"

목사님의 목소리가 또렷하게 들렸다.

'미스터 김? 한국 사람?'

이게 무슨 뜻일까? 그 순간, 여자가 다시 내게 다가와 말했다.

"주소 좀 주세요."

그녀의 손에는 작은 수첩과 펜이 있었다. 망설임 없이 나는 주소를 적어 그녀에게 건넸다. 그녀는 내 주소를 꼼꼼하게 확인한 뒤, 나를 다시 바라보며 말했다.

"이제 차에 타세요. 집까지 데려다줄게요."

나는 잠시 어리둥절했지만, 그녀의 진심이 느껴졌다. 영어가 서툴러 말을 제대로 할 수 없었지만, 고마운 마음에 고개를 끄덕이며 차에 올랐다. 차는 도로를 달렸다. 창문 밖으로 보이는 풍경은 마치 낯선 도시의 한가운데를 걷는 느낌이었다. 차 안의 공기는 약간 어색했지만, 옆자리에 앉은 여자의 친절한 눈빛은 어색함을 풀어주었다. 그녀는 몇 마디를 건넸지만, 영어를 잘 모르는 나로서는 그저 미소를 지어 보이며 감사의 마음을 표현하려 애썼다.

잠시 후 차가 도착한 곳은 언니네 집 앞이었다. 여자가 차에서 내리더니 나를 따라 집으로 들어왔다. 그녀는 집 안을 둘러보며 정확한 주소를 다시 한번 확인하는 듯했다. 여자가 주소를 꼼꼼히 적은 뒤 나에게 고개를 끄덕이며 돌아섰다. 차에 다시 올라타며 내게 손을 흔들었다. 그리고는 차를 타고 사라졌다.

그로부터 약 2주 후였다. 집에 있던 어느 날 갑자기 전화벨이 울렸다. 수화기를 들자 들려온 목소리는 한국인의 음성이었다.

"여보세요? 저는 김용주 목사라고 합니다. 반갑습니다. 제가 주일에 자매님을 모시러 가겠습니다."

그토록 찾던 한인교회의 목사님에게 전화가 온 것이다. 이제 드디어 한국말로 예배를 드리고 찬양을 할 수 있겠구나 생각하니 눈물이 차오르며 손이 떨렸다.

'하나님이 내 기도를 들어주시려고 그 작은 교회당으로 나를 이끌어주셨구나. 감사합니다. 아버지 하나님.'

그 후로 나의 신앙심은 더욱 굳건해지기 시작했다. 직장에서 돌아오면 3일 치 음식을 미리 해두고 냉장고에 넣어두었다. 집에 오면 물부터 끓여놓고, 밥을 말아 김치와 함께 먹고는 이 닦고 기도하기 위해 이불 속으로 들어갔다. 그 후 말씀을 써 내려가며 밤 11시쯤 기도를 시작해 자정까지 기도했다. 그렇게 나는 열심히 성경 공부를 했다. 직장에 가서도 찬송가를 부르며 콧노래를 흥얼거렸다. 직장에선 아무도 나에게 조용히 하라는 말을 하지 않았다. 오히려 내 찬양을 좋아하는 듯했다. 그렇게 나는 매일매일을 찬양하며 하나님의 품안에서 성장하고 있었다.

03

하나님이 주신 나의 동반자

....

"주 하나님께서 말씀하셨습니다. 사람이 혼자 사는 것이 좋지 않구나. 내가 그를 위해 그를 돕는 짝을 만들어 주겠다." (창세기 2:18, 쉬운말 성경)

....

하나님께서 창세기 2:18에서 말씀하셨듯이, 이 구절을 읽을 때마다 나는 하나님이 우리의 삶에 배필을 주신다는 의미를 깊이 생각했다. 하나님이 주시는 배우자는 단순히 함께 시간을 보내고 가정을 이루는 사람이 아니라, 내 부족함을 채우고 나와 함께 하나님의 뜻을 이루어 가는 동반자라는 의미를 가진다. 하나님께서는 우리가 홀로 살아가는 것이 아닌, 서로 돕고 의지하며 살아가는 삶을 원하셨다. 이 말씀을 마음에 새기며 나도 하나님께서 예비하신 배필을 만나기를 간절히 기도하였다.

미국에 오기 전 나는 오산리 기도원에서 3일 금식을 하며 하나님이 허락하는 배우자에 대한 기도를 했다. 어머니와 단둘이 살다가 내가 떠나고 나면 어머니 혼자 남을 것을 생각하니 마음이 놓이지 않았다. 어머니 또한 어린 처녀를 혼자 이국만리로 보낼 생각에 마음이 안 놓이셔서 결혼이라도 해서 가면 좋겠다는 말씀을 많이 하셨다. 이런저런 걱정을 떨쳐버리려고 나는 동굴로 향했고 동생도 따라나섰다. 동생은 동굴 안쪽으로 들어가서 기도했고, 나는 겁이 많아 혹시나 무슨 일이 생기면 바로 뛰어나올 생각에 동굴 입구에 자리를 잡았다. 얼마나 시간이 지났을까? 미국행을 앞두고 여러 잡념이 엉키어 기도에 쉽게 집중하지 못했다. 나는 다시 마음을 가다듬고 기도하기 시작했다. 시간이 얼마나 지났을까? 한참을 기도하고 있던 내 귀에 분명한 음성이 들려왔다.

"그래라."

깜짝 놀라 주위를 둘러보았다. 동굴 안엔 함께 온 동생과 나, 둘뿐이었다. 무슨 소리지? 하나님의 음성일까? 만약 그렇다면 하나님께선 왜 그런 말씀을 하신 걸까? 한참을 곰곰이 생각한 후에야 내가 드린 기도를 떠올렸다.

'주님이 배필을 주신다면 시집을 가겠지만, 주시지 않으면 절대 시집가지 않겠습니다'라는 기도를 드렸던 것이 떠올랐다. 동생이 멍하게 앉아 있는 날 보고 의아해하며 물었다.

"언니, 왜 그래? 무슨 일 있어? 기도한다면서 왜 멍하니 있어?"

"기도 중에 어떤 할아버지가 내 귀에 '그래라'라고 하셨어."

그러자 동생은 무슨 기도를 했길래 '그래라' 하셨냐고 물었다. 나는 하나님이 허락한 사람에게만 시집가겠다 기도했다고 설명을 해주었다.

"언니는 너무 좋겠다. 하나님께서 신랑감을 주신다니 얼마나 좋아."

동생은 하나님의 응답이라고 아예 단정을 지어 부러운 듯이 말했다. 나 역시 정말 하나님의 음성이었으면 좋겠다고 생각하며 나에게 어떤 신랑을 주실지 궁금했다.

언니는 미국인과 결혼을 해서 미국에 살고 있었다. 언니가 초청 이민을 해준 덕분에 나도 미국으로 가게 되었지만, 혼자 남을 어머니가 너무 걱정되었다. 어머니는 예전에 교회를 다니셨지만 한동안 발길을 하지 않은 지 오래였다. 나는 미국에 가기 전에 어머니가 교회에 나가 하나님의 품안에서 보호받기를 간절히 원하였기에 어머니를 설득했다. 나의 간곡한 설득에 어머니가 다시 예전처럼 하나님을 믿고 교회에 나가기 시작했다. 그런 어머니의 모습을 보며 나도 한결 가벼운 마음으로 미국으로 떠날 준비를 할 수 있었다. 미국행 준비가 한창이던 어느 날 어머니는 걱정스러운 얼굴로 물으셨다.

"너는 시집 안 갈 거야? 혼자 가는 건 마음이 안 놓여. 신랑하고 같이 가야 내 마음이 편할 텐데…"

나는 웃으며 말했다.

"어머니, 걱정하지 마세요. 제 신랑감은 하나님께서 정해 주실 거예요."

어느 날 나는 어머니와 함께 기도원에 가게 되었다. 그곳에서 어머니는 성령이 강력하게 임하심으로 단호하게 금연하셨다. 그리고 가지고 있던 담배를 모두 꺾어버리셨다. 금식 기도 마지막 날 계곡 옆에서 기도하라는 말씀에 우리는 함께 나가서 기도했다. 어머니는 나의 기도하는 모습을 보시다가 내 옆에 앉아 눈물을 흘리며 기도하셨다.

"잘못했습니다. 하나님, 제가 예수를 믿지 않은 죄를 용서해 주세요. 앞으로는 성심을 다하여 주님을 따르겠습니다."

그렇게 어머니는 한참을 회개하며 기도하셨다. 그때부터 어머니께서 예수님을 얼마나 열심히 믿으셨는지 모른다. 어머니의 그 기도 덕분에 내가 미국에서도 큰 어려움 없이 지낼 수 있었으리라.

미국에 와서 처음엔 언니 집에서 함께 생활했다. 그리고 얼마 후엔 그동안 일을 하며 알뜰히 돈을 모아 혼자 독립해 작은 방을 얻어 나와 살기 시작했다. 낯설기만 하던 미국 생활에 적응해 가던 어느 날 친구 미스 남에게 전화가 왔다.

"여보세요? 미스 남? 전화 잘했네. 마침 팥죽 쒔어. 팥죽이나 한 그릇 먹으러 와."

친구는 자기 약혼자와 함께 팥죽을 먹으러 왔다. 우리는 팥죽을 먹으며 여러 가지 이야기를 나누며 즐거운 시간을 보내고 있었다. 그러다 느닷없이 친구의 약혼자가 자기 친구를 소개해 주겠다고 했다.

"미스 박, 내 친구 중에 아주 착한 놈이 있는데 한 번 만나보실래요?"

"아니에요, 괜찮아요. 하하하."

나는 누구를 만난다는 것이 부담스러워 웃으면서 자연스

럽게 거절했다. 그러자 친구와 그 약혼자는 만나보고 아니면 안 만나도 괜찮으니 한 번만 만나보라고 재차 권유했다. 친구까지 합세해 계속 맞선을 얘기하자 나는 계속 거절하기도 뭐해서 일단 만나는 보겠다고 승낙했고 우리는 그 남자가 일한다는 식당으로 갔다.

그날 나는 주방에서 일하는 그를 처음 봤다. 그는 수증기가 가득한 주방에서 땀을 줄줄 흘리며 일하고 있었다. 그는 갑작스런 방문에 얼떨떨해하며 후줄근한 자기의 행색에 민망한 기색이 역력했다. 그러나 나는 그를 아주 꼼꼼하게 살펴보았다. 그도 나를 살짝살짝 보는 듯했지만, 눈을 제대로 마주치지 못했다. 어색한 듯 얼굴이 붉어졌고, 당황한 모습이었다. 그래도 그가 용기 내어 먼저 말을 꺼냈다.

"저는 김유봉입니다. 반갑습니다."

나는 살짝 미소를 지으며 대답했다.

"네, 저도 반가워요. 저는 박송현입니다."

그는 잠시 머뭇거리더니 다시 고개를 끄덕였다. 그 뒤로는 말을 잇지 못하고 가만히 서 있었다. 그 모습이 어딘가 귀여워 보였다. 하지만 그때 그의 친구가 재촉하듯 말했다.

"너 왜 이렇게 말이 없어? 야, 빨리 들어가 일이나 해라."

그가 다시 일하러 가야 한다는 것과 그의 민망함이 느껴져 나는 우리도 이제 나가자고 했다. 그렇게 짧은 만남을 마치고 밖으로 나오는데 나를 보는 시선이 느껴져 주위를 둘

러봤다. 그와 함께 일하는 주방 사람들이며, 웨이트리스들이 오가며 나를 힐끗힐끗 쳐다보는 것이었다. 나는 그 사람들은 관심이 없어 그저 무심히 지나치는 줄 알았는데, 나중에 그가 말을 해주었다.

"식당 사람들이 당신을 자꾸 쳐다보더라고요. 그러더니 내 동료가 말하더라고요. '야, 저 여자 정말 예쁘다. 복도 많게 생겼다. 너 이 여자 놓치면 평생 후회할 거다. 꼭 붙잡고 놓치지 말아'라고 말이에요."

그 말을 듣는 순간 내 입가에 피식 웃음이 번졌다. 그의 친구들이 이렇게 얘기했다는 걸 전해주는 그의 신난 모습에 미소가 지어졌다. 그리고 어쩐지 가슴이 설레였다. 그 사람과 첫 데이트를 하기로 한 날, 나는 마음속에 한 가지 결심을 다짐하고 있었다. 나는 평소에도 예수를 믿고 하나님을 잘 섬기는 사람과 함께해야 복을 받으며 살 수 있다고 굳게 믿고 있었기 때문에 예수님을 믿지 않는 사람과는 결혼할 생각이 없었다. 그를 만나 나는 분명하게 말했다.

"저는 예수 믿는 사람이에요. 하나님을 잘 믿어야만 복을 받고 살 수 있어요. 그래서 저는 예수 믿는 사람한테만 시집을 갈 거예요."

그는 고개를 끄덕이더니 솔직하게 말했다.

"저는… 예수님을 믿지 않아요."

나는 그 순간 실망하고 그와 더 만남을 지속할 수 없을 수도 있다는 생각에 속상했지만, 곧 마음을 정리하고 아무렇지 않은 듯 단호하게 대답했다.

"그럼 더 만날 이유가 없네요. 저는 예수님 믿는 사람과만 결혼할 수 있어요."

그는 당장 끝낼 것처럼 말하는 나를 보며 깜짝 놀란 눈으로 대답했다.

"내가 예수님 믿으면 되잖아요? 그죠? 왜 그렇게까지 단호해요?"

나는 고개를 저으며 말했다.

"아니요, 그런 사람 싫어요. 결혼할 때는 다니는 척하다가 나중에 안 다니는 사람들 많이 봤어요. 절대로 안 돼요."

그러자 그는 내 손을 잡으며 진지하게 말했다.

"그럼 제가 약속할게요."

나는 고개를 저으며 약속조차 필요 없다고 했다.

"난 믿는 사람하고만 결혼할 거예요."

나는 정말 더 마음을 주면 힘들어질 것 같아 냉정하게 말했지만, 그는 포기하지 않았다. 내 손을 꼭 잡고 하나님을 열심히 믿어보겠다고 자기를 잘 이끌어주라며 진심을 다해 말했다. 그의 간절함에 순간 마음이 흔들렸지만, 나는 마음을 정리해야 한다는 생각이 더 강해졌다. 그만큼 이 남자에게 끌리고 있던 것이었다.

집에 돌아와서 나는 그 사람을 생각하며 하나님께 기도를 드렸다.

"주님, 이 사람이 저에게 주신 배필이라면 죽자 살자 저를 쫓아다니게 해주시고, 그렇지 않다면 마음을 끊게 해주세요."

그렇게 간절하게 기도하며 마음을 다잡았다. 그런데 그 기도 후 그가 정말로 내 앞에 끈질기게도 나타났다. 집 앞에서도, 직장 앞에서도 그 사람은 나를 계속 기다렸다. 하루는 그가 퇴근 시간에 맞춰 직장 앞에 서 있는 것을 보게 되었다. 하지만 나는 일부러 못 본 척하고 그가 있는 반대편 길로 가로질러 전철역으로 뛰어갔다. '이렇게 도망가면 더는 나를 쫓지 않겠지'라는 생각이었다. 하지만 그 사람은 내가 뛰어가자 같이 뛰어오기 시작했다. 마치 영화 속 한 장면처럼 전철이 도착할 때까지 나를 놓치지 않으려고 달려왔다. 전철이 오기 직전 그는 나에게 소리쳤다.

"미스 박! 잠깐만 서 있어요! 가지 말고 그냥 서 있어봐요!"

그 외침에 나도 모르게 발길을 멈췄다. 전철이 다가오는 소리에도 나는 그냥 그 자리에 서 있었다. 곧 그가 힐레벌떡 달려와 내 앞에 서며 숨을 고르더니 물었다.

"무슨 아가씨가 이렇게 빨리 뛰어요?"

나는 장난스럽게 대답했다.

"원래 육상 선수였거든요."

그 사람은 나를 잡고 싶어 하는 눈빛으로 말했다.

"우리 같이 좀 걸어요. 내가 구경시켜 줄게요."

그렇게 우리는 그날 함께 걸으며 여러 곳을 구경했다. 시간이 가면서 나는 그 사람의 진심이 느껴지기 시작했다. 하지만 그가 저녁 늦게까지 시간을 같이 보내자고 할 때마다 나는 조금씩 거리를 두었다. 그는 자꾸 내 집 근처까지 바래다주고 싶어 했지만, 나는 단호하게 말했다.

"집 근처에 오면 남자가 계속 찾아오니까 안 돼요."

하지만 그는 고집스럽게 말했다.

"나는 그냥 문 앞까지만 가고 금방 돌아갈게요."

그렇게 자꾸 나를 따라와 주고, 문 앞까지 바래다준 후 다시 돌아가는 모습에서 그가 나를 진심으로 아끼고 있다는 것을 알게 되었다. 그리고 매일 밤 전화를 걸어왔다. 그는 밤에 일을 했고, 나는 낮에 일을 했기 때문에 시간대가 맞지 않았다. 새벽 3시에 일이 끝나는 그는 그 시간에 전화해 "이제 집에 들어간다"라고 말하곤 했다. 내가 새벽에 전화하지 말라고 해도 그는 매번 그렇게 했다. 내가 점점 그에게 마음을 열게 된 이유는 그의 꾸준한 마음 때문이었다. 말없이 기다려 주고, 나에게 진심을 다해 다가오는 그의 행동이 점점 나를 흔들기 시작했다.

어느 날 우리는 센트럴 파크에서 함께 산책했다. 봄바람이 부드럽게 불어오는 공원에서 우리는 나란히 걸었고, 그때 그가 진지한 목소리로 말했다.

"우리 결혼하자."

나는 깜짝 놀라 그를 처다봤다. 만난 지 일주일도 안 된 시점에 결혼이라니! 너무 이른 것 아닌가? 그래서 나는 단호하게 말했다.

"난 같은 나이는 싫어요. 나이 차이가 좀 있어야 결혼하지, 동갑은 결혼하면 싸움이 많다고 하잖아요?"

그가 웃으며 대답했다.

"뭐 이렇게 안 된다는 게 많아요? 나는 절대 안 싸워요. 교회당도 잘 다니고, 항상 미스 박한테 잘할 거예요. 나한테 맡겨봐요."

그의 말이 나를 안심시키고 편안하게 했다. 보호받고 있다는 행복함이 가슴에 가득 찼다. 그리고 우리는 결혼을 약속했다.

그해 5월 1일, 우리의 결혼식은 소박했다. 서로의 가족이나 친척들은 없었지만, 나는 언니네 시댁 식구들과 함께 결혼식을 준비했다. 그때 남편은 돈이 한 푼도 없었다. 그는 월급을 받으면 대부분을 한국에 계신 어머니에게 보내곤 했다. 동생들이 어렸기에 그 돈으로 가족이 생활을 유지했다.

나 역시 내가 번 돈으로 살림을 꾸렸고, 1년 동안 조금씩 모은 돈이 겨우 2천 불 정도였다. 그 돈으로 결혼식을 준비했지만, 남편은 그 부족한 상황 속에서도 돈을 마련해서 나를 위해 다이아반지와 시계를 사주었다. 나는 그 마음이 너무 고마웠다.

결혼식날 남편은 그 반지를 끼워주었고 우리는 서양식으로 목사님 앞에서 결혼 서약에 맹세했다. 우리 둘은 많은 재산이나 화려한 결혼식 없이도 서로에 대한 믿음과 사랑으로 결혼식을 올렸다. 그 순간 내가 느꼈던 것은, 내 앞에 있는 이 남자가 그때 그 동굴에서 기도할 때 '그래라' 하시며 하나님께서 보내주신 배필이라는 확신이었다.

나는 하나님이 주신 배우자는 나와 함께 신앙의 여정을 걸어갈 사람이라고 생각해왔다. 내가 꿈꾸고 바래왔던 부부의 모습은 함께 성장하고 서로를 이해하며 하나님 안에서 하나가 되는 것이었다. 분명, 이 사람은 내 삶의 빈틈을 채워주고, 내가 더 나은 신앙인이 되도록 도와줄 존재일 것이다. 나는 결혼 서약을 하며 하나님께서 주신 이 사람과 함께라면 우리는 서로의 연약함을 보완하고, 기쁨과 슬픔을 나누며, 어려운 순간에도 함께 기도하며 나아갈 수 있을 것이라 확신했다. 우리 부부는 서로에게 복이며, 하나님께서 맺어주신 특별한 은혜라는 믿음이 충만했다.

나는 가정을 이루는 것이 단순히 두 사람의 연합에 그치지 않고 하나님께서 주신 중요한 사명임을 안다. 하나님은 가정을 통해 우리가 주님의 뜻을 이루고 그분의 사랑을 배우기를 원하신다. 부부가 서로를 아끼고 존중하며, 주님 안에서 함께 성장하는 것은 그 자체로 작은 천국을 이루는 것이리라.

좋은 가정을 이루는 일은 단순히 육신의 연합을 넘어서 영적으로도 하나가 되는 일이다. 서로를 통해 하나님을 발견하고, 그분의 사랑을 체험하며, 그 사랑으로 자녀를 양육하는 것은 하나님이 주신 가정의 커다란 복이자 책임이다. 서로를 위한 기도와 주님을 향한 사랑이 중심에 있는 가정, 그 안에서 우리는 하나님이 주신 사명을 깨닫고, 서로가 서로의 신앙을 북돋아주며 하나님의 영광을 드러내는 가정을 위해 나는 기도했다.

사는 게 쉽지 않은 고행길이라는 것은 누구나 다 아는 자명한 일이다. 하지만 나는 주님께서 우리를 이끄신다는 믿음이 있기에 내 앞에 놓인 그 길엔 언제나 희망도 함께 있었다. 우리의 가정이 세상 속에서 힘이 들고 고난에 빠지더라도 하나님의 빛을 따라가는 그분의 사랑을 전하는 통로가 될 수 있기를 바래왔다.

하나님께서 예비하신 배우자와 함께 교회 안에서 주님

을 섬기며, 우리의 삶을 통해 하나님께 영광을 돌리는 것이 내 소망이었고, 남편과 나는 평생을 하나님께 감사하며 살아왔다. 앞으로도 그 길 위에서 나와 내 남편이 하나님의 사랑 안에서 서로를 사랑하며, 그분의 뜻을 이루기 위해 한 걸음씩 나아가기를 기도한다. 하나님께서 우리의 삶을 통해 역사하시고, 우리의 가정이 그분의 영광을 나타내는 도구가 되기를 간절히 바란다.

04

테이블 세 개로 시작한
하나님의 사업

....

"너의 모든 일을 여호와께 맡겨라. 그러면 네 계획이 이루어질 것이다." (잠언 16:3, 쉬운말 성경)

....

60년을 함께 산 내 남편은 참으로 어질고 착한 사람이다. 남들에게 베푸는 것을 삶의 기쁨으로 여기는 사람이다. 그는 언제나 자신의 것을 남과 나누는 것을 당연하게 생각했다. 처음 미국에서 만나 결혼을 하고, 신혼생활을 시작했을 때에는 그의 그런 성품이 좋으면서도, 동시에 걱정스러웠다. 워싱턴으로 신혼여행을 갔는데, 그곳에서도 남편은 우리 부부보다 남에게 베푸는 데 모든 돈을 소비했다. 우리는 가진 돈이 거의 없었기에 나는 많이 속상했지만 결혼한 지 얼마 되지 않았을 때라 나아지겠지 하고 보고만 있을 수밖에 없었다.

미국에 들어올 때 남편은 겨우 160불, 나는 30불, 우리 둘은 거의 무일푼으로 미국생활을 시작했다. 이런 형편에도 그는 여전히 다른 사람들에게 아낌없이 주었다. 그러나 시간이 지날수록 남편의 이런 행동은 나를 불안하게 만들었다. 아기도 낳아야 하고, 돈도 모아야 하는데 더는 두고만 보면 안 되겠다는 생각이 들었다.

"여보, 우리가 지금 이렇게 빈털터리인데, 아무리 마음이 넉넉해도 너무 퍼주는 거 아니야?"

그는 미소를 지으며 대답했다.

"하나님께서 채워주실 거야."

남편의 말을 듣고 나는 그가 진짜로 돈을 손에 두고 사는 사람이 아니라는 것을 깨달았다. 앞으로 우리는 우리의 것을 쌓아두기보다는 남을 위해 베푸는 삶을 살 것이라는 것을 느꼈다.

하지만 현실은 냉혹했다. 우리 두 사람이 가진 것은 너무 적었고 뭔가 변화가 필요했다. 그래서 나는 진지하게 말했다.

"여보, 우리는 덜 먹고, 덜 쓰며 돈을 아끼고 모아야 해요. 조금씩 모아서 우리 사업을 해서 살아야지, 이렇게 조금 버는 것으로는 아이들을 키울 수도 없고, 그마저도 한국 가족에게 계속 보내주면 우리 가족은 미국에서 어떻게 살아가겠어요? 맘 단단히 먹고 허리띠를 졸라매서 아끼며 벌어야 가족도 도울 수 있어요. 이제부터는 제가 돈 관리를 할게요."

감사하게도 남편은 고개를 끄덕이며 내 말을 잘 따라주었고, 돈을 벌기 위해 남편이 배운 곰탕 기술로 우리 가게를 열기로 계획했다.

가게를 준비하게 된 과정은 참 힘들었지만, 미래를 꿈꿀 수 있는 희망이 있는 설레는 시간이었다. 남편은 친구에게 가게를 시작할 자금을 융통해왔고, 우리는 월세가 싼 작은 공간을 임대했다. 식당이라고 하기엔 너무 작아 테이블 세 개를 겨우 놓고 곰탕집을 시작했다. 그때 우리에게는 선택의 여지가 없었다. 그 작은 공간이 우리가 시작할 수 있는 전부였으니까… 그래도 나는 우리 가게가 생겼다는 것이 너무 행복했다. 지금은 이 작은 공간이 우리에게 큰 열매를 가져다줄 것 같았다.

곰탕집을 열 결심을 하게 되었을 때 나는 잠언 16:3 "너의 행사를 여호와께 맡기라. 그리하면 네가 경영하는 것이 이루어지리라"라는 말씀을 떠올렸다. 처음에는 두려움이 많았다. 경제적인 여건도 불안했고, 이 사업이 과연 성공할 수 있을지에 대한 의문도 컸다. 하지만 하나님께 나의 계획을 맡기고, 그분의 인도하심을 구하는 기도를 드리면서 조금씩 용기를 얻었다.

곰탕은 오래된 우리 전통의 음식이다. 그 깊고 따뜻한 맛은 한국인이라면 누구나 좋아하는 고향의 맛이다. 그리고 남편은 곰탕집에서 일하며 그만의 국물 비법을 찾아냈고, 나는 그 맛을 사람들이 좋아할 것이라는 확신이 있었다. 타국에 사는 한인들이 우리 곰탕을 먹고 몸과 마음이 치유되기를 바랬고, 힘든 하루의 피로를 풀 수 있기를 바라는 마음도 컸다. 그리고 그 소망만으로는 부족하다는 것을 알기에, 나는 매일 하나님께 기도했다.

'하나님, 이 곰탕집이 단순한 가게가 아니라, 당신의 사랑과 은혜를 전하는 공간이 되게 해주세요. 이 음식을 먹는 사람들이 그저 배를 채우는 것이 아니라, 그 속에서 위로와 안식을 얻을 수 있게 해주세요.'

나의 기도는 단지 물질적인 성공을 구하는 것이 아니라,

이 사업이 하나님의 계획 안에서 이루어지기를 바랬다. 하나님의 손길이 닿는 곳마다 변화가 일어난다는 것을 나는 믿는다. 그래서 매번 재료를 고를 때도, 육수를 끓일 때도, 뜨끈한 곰탕 한 그릇 한 그릇을 손님들에게 내놓을 때도 마음속으로 하나님께 간구했다. 이 곰탕을 먹는 사람들이 그 속에서 하나님의 사랑을 느낄 수 있기를, 그리고 나의 작은 가게가 그들에게 큰 위로의 공간이 되기를 기도했다.

지금은 아직 시작 단계지만, 나는 이 곰탕집이 하나님의 뜻 안에서 번창할 것을 믿었다. 식당을 준비하며 어려움이 닥쳐도 하나님께 모든 것을 맡겼고, 그때마다 나의 불안함도 점점 사라지고 있었다. 나의 노력과 계획도 중요하지만, 그 모든 것 위에 하나님께서 함께하신다는 믿음이 나를 지탱해 주었다. 이 곰탕집이 하나님의 영광을 드러내는 작은 사업이 되기를 간절히 바랬다.

가게는 그야말로 아주 소박했다. 문을 열면 작고 단순한 테이블 두 개가 눈에 들어왔고, 네 사람이 앉을 수 있는 자리 하나, 그리고 주방도 정말 작았다. 주방이라고 하기엔 조금 민망할 정도로 조리 도구와 작은 냄비들만 놓을 수 있는 조그마한 공간이었다. 그 안에서 남편은 열심히 음식을 준비했고, 나는 배가 불러온 몸을 이끌고 음식배달을 했다. 그때는 몸도 음식을 담은 그릇들도 무거웠지만, 우리 일을 할 수 있는 것 자체가 너무 행복하고 감사했다.

가게 안에는 남편 친구가 준 예수님 사진이 걸려 있었다. 남편 친구는 우연히 얻게 된 예수님 사진을 보고 내 생각이 났다며 가게로 가져다주었다. 나는 하루를 시작하기 전에 꼭 예수님 사진 앞에서 기도했다.

"아버지, 감사합니다. 오늘도 이렇게 일할 수 있게 해주셔서 감사합니다. 아버지, 오늘도 손님들을 많이 보내주시고, 주님의 은혜로 일이 잘 되게 해주세요."

그 기도는 내 삶의 중심이었고, 하루의 시작이었고, 힘든 일도 이겨낼 수 있는 원동력이었다. 그렇게 기도가 끝나면 나는 일을 시작했다. 그 작은 공간에서 시작된 하루는 항상 분주했지만, 마음만큼은 항상 평안했었다. 심지어 배달하는 도중에도 나는 계속 기도하고 찬송가를 불렀다. 아이를 가져 몸은 남산만 한데 양쪽 손에 배달할 음식까지 잔뜩 들고 뒤뚱거리며 하루에 몇 시간을 걸어 다녔다. 그렇게 걸어 다니면서도 나는 찬양과 기도를 멈추지 않았다. 성령님의 은혜가 내 안에 충만해지자 몸이 가볍게 느껴졌다. 배달 가는 길에서 두 다리는 천근만근이었지만 내 마음은 날아갈 것만 같았다.

'아버지, 감사합니다. 아버지 아니면 제가 어떻게 이러고 살겠어요? 아버지, 저는 아버지밖에 없어요.'

기도할 때마다 눈물이 저절로 흘러내렸다. 눈물은 멈추

지 않았고, 그 눈물은 행복과 기쁨의 눈물이었다. 하나님께서 주신 힘으로 이렇게 가게를 운영할 수 있다는 사실이 나에게는 너무나도 큰 은혜였다. 그러나 주변 사람들은 "저 여자는 얼마나 힘들면 저렇게 울고 다닐까?"라며 내가 너무 힘들어 울고 있는 줄로 지레짐작하며 동정의 눈길을 보내곤 했다. 그때마다 남편은 임신한 마누라 배달시키며 고생시키는 천하의 몹쓸 놈이 되곤 했다.

남편과 나는 매일 가게에서 열심히 곰탕을 끓여 팔았다. 우리 부부는 하나님께 기도드린 대로 손님에게 언제나 친절하고, 주변 사람들에게 작은 것 하나라도 나누려고 노력했다. 남편은 힘들어하는 나를 대신해서 배달을 나가기도 하고, 주방에서 음식을 만들며 늘 분주했다. 나는 가족을 위해 최선을 다해 일하는 남편이 참 감사했고, 동시에 그가 가진 나눔의 마음이 나를 겸손하게 만들었다. 우리 부부의 노력은 헛되지 않아 주변에 맛있는 곰탕집으로 알려지기 시작했다. 테이블 3개로는 늘어나는 손님을, 작은 주방은 밀려드는 주문을 감당하기엔 벅찼다. 나는 이제 가게를 확장해야 하지 않을까 생각했다.

'아버지, 저에게 주신 이 작은 가게가 아버지의 도우심으로 잘 성장하고 있습니다. 아버지, 더 큰 가게를 허락해 주세요. 더 큰 곳에서 아버지의 이름을 드높이고 싶어요.'

우리는 큰 가게를 얻기 전에 지금의 가게를 내놓았다. 좋은 주인이 나타나길 기도하던 어느 날 남편이 저녁에 집에 들어오더니 흥분한 얼굴로 말했다.

"여보, 여보! 우리 가게 산다는 사람이 나왔어!"

나는 깜짝 놀라며 물었다.

"얼마에?"

남편은 신이 나서 대답했다.

"1만 5천 불."

그 순간 내 안에 답답함이 밀려왔다. 그동안 얼마나 열심히 일해서 손님을 늘려왔는데, 겨우 1만 5천 불이라니? 나는 단호하게 말했다.

"뭐? 1만 5천 불? 이게 뭐야? 우리가 그동안 손님도 많이 만들어 놓고 가게를 살려놨는데, 1만 5천 불이 말이 돼? 2만 불도 아니고, 최소한 2만 5천 불은 받아야지! 난 그 가격으로는 못 팔아."

나는 생각했다. 이 돈으로 더 나은 가게를 구할 수 있을까? 그렇게는 안 될 것 같았다. 우리는 다른 매수인을 기다리기로 했다.

우리가 가게를 운영한 지도 꽤 많은 시간이 흘렀다. 남편은 언제나 남에게 베풀기 좋아했고, 그 덕에 우리는 종종 돈이 모이지 않아 목돈이 필요할 때마다 어려움을 겪었다. 남편이 식당 매출 관리를 맡아서 했는데 어쩐지 1년이 돼도 모여진 돈은 없었다.

'이래서는 도저히 안 되겠다.'

결국, 나는 남편에게 말했다.

"오늘부터는 내가 식당 매출 관리도 할게요. 우리 현명하게 자금계획을 세워서 운영해야 해요."

그렇게 1년을 모으니 5,000불이 되었다. 단순하게 매입 매출만 계산해도 이렇게 남는데 그동안 돈이 다 어디로 갔는지 궁금했다.

"여보, 이번 1년에 5천 불을 모았는데, 그동안은 번 그 돈 다 어디 갔어요?"

남편은 미안한 얼굴로 대답했다.

"다 한국에 보냈지. 가족들 도와줘야 하잖아."

남편이 가족을 생각하는 마음은 이해하지만, 지금은 내가 좀 냉정해져야 한다는 생각이 들었다. 나 역시도 많이 벌어 형제자매를 도우며 살고 싶은 마음이지만, 그렇게 하기 위해선 지금은 마음 아프지만 아끼고 모아야 하기 때문이다.

"우리가 성공해야 더 잘 도울 수 있는 거야. 우리 애들도 생각해야죠? 이제부터는 우리 좀 더 노력해서 가게를 키워 봅시다."

그때부터 남편과 나는 더 열심히 일했고, 더 아끼고 저축하며 차곡차곡 돈을 모으기 시작했다. 그렇게 모은 돈은 어느덧 다시 5천 불이 되었다.

그러던 어느 날 교회에서 교회당을 짓기 위해 헌금을 모으기 시작했다. 남편은 나에게 물었다.

"여보, 내가 2천 불을 헌금하기로 했는데, 어떻게 해야 할까?"

나는 망설임 없이 대답했다.

"당장 드려야지. 이건 하나님께 드리는 돈이니까 미루지 말고 바로 드려요. 2천 불에 모아둔 돈 중 3천 불을 더 보태서 목사님께 드려요."

우리는 그동안 모은 돈 5천 불을 헌금으로 기꺼이 드렸다. 그렇게 헌금을 드리고 나니 마음속에 기쁨이 넘쳐났다. 그리고 여전히 우리는 열심히 가게 일을 하고 신앙생활을 하며 살아갔다.

시간이 지나고 열심히 일한 덕에 가게는 점차 자리를 잡았다. 나는 시간 여유가 있을 때 틈틈이 좋은 가게 자리를 찾아보자고 남편에게 말했다.

"여보, 시간 있을 때마다 32가 쪽으로 가서 가게 자리 있나 알아봐요. 우리도 이제 서서히 구멍가게에서 벗어나서 큰 가게를 해야 해요."

남편은 자기도 그렇게 생각해왔다며 바로 길을 나섰다. 남편이 가게 자리를 찾아보러 다니는 동안 나는 가게에 남아 밀린 설거지를 했다. 내가 한다고는 했지만, 주방에 쌓여 있는 그릇들을 보면 한숨이 절로 나왔다. 설거지 더미가 마치 태산처럼 높아 보였다.

"내 그릇의 산이 태산보다 더 높네."

하지만 어찌하랴. 어차피 해야 할 일 즐겁게 하는 것이 낫다는 생각에 나는 설거지하며 찬송가를 부르기 시작했다. 찬송을 부르면 어느새 마음이 편안해지고, 그릇들이 하나씩 사라지는 것처럼 느껴졌다. 설거지 더미가 줄어들면서 내 마음속에 있는 무거운 짐도 함께 씻겨져 나가는 것 같았다.

남편이 좋은 가게 자리를 찾길 바라며 나는 하나님의 은혜가 항상 우리 가정에 임하신다는 생각을 했다. 처음 시작한 가게가 이만큼 성장한 것도 다 하나님이 함께하셨기 때문이다. 초기에는 남편이나 나 사업이란 것이 처음이라 어려움이 많았다. 손님이 많지 않은 날은 문을 닫고 돌아가는 길이 무겁게 느껴지기도 했다. 재룟값이 오르고, 갑작스러운 가게 수리비가 발생하기도 했다. 직원들이 말없이 그만두기도 하고, 예상치 못한 상황들이 겹칠 때마다 나는 크게 낙심했다. 하지만 그럴 때마다 하나님께서 주신 잠언 16:3 "너의 행사를 여호와께 맡기라. 그리하면 네가 경영하는 것이 이루어지리라"라는 말씀을 떠올렸다.

하나님께 이 사업을 맡겼다는 믿음은 나를 붙잡아주었

다. 비록 나의 힘으로는 해결할 수 없을 것 같은 문제들 앞에서 낙심하고 주저할 때도 있었지만, 하나님께서 이끌어 가신다는 믿음은 나에게 새로운 용기와 인내를 주었다. 그때마다 나는 인간적인 방법을 고민했지만, 결국 무릎을 꿇고 하나님께 간구했다. 하나님의 사업이라면 하나님께서 해결해 주실 것이라는 믿음이 있었기에, 그 어려운 순간에도 포기하지 않고 견딜 수 있었다. 그리고 놀랍게도 언제나 하나님께서는 내가 상상하지 못한 방법으로 길을 열어주셨다. 예기치 않게 만난 사람들이 도움을 주기도 했고, 갑작스레 새로운 기회들이 찾아오기도 했다. 하나님의 섭리가 나의 곰탕집에 깊이 작용하고 있음을 느꼈다.

몇 년이 지나고 나니 그 작은 세 테이블짜리 곰탕집은 더 이상 작은 가게가 아니었다. 사람들의 입소문을 타면서 가게는 점점 번창했고, 더 많은 자리를 마련해야 했다. 우리는 더 큰 공간으로 가게를 확장했고, 몇 십 년이 흐른 지금은 맨하탄 중심가에서 빌딩을 소유할 만큼 크게 성장했다. 이 모든 것은 내가 계획한 것이 아니라, 하나님께서 주신 은혜임을 알았다. 내가 경영한 것이 아니라, 하나님께서 이끄신 사업이었다.

내가 한 것은 그저 하나님께 내 사업을 맡기고, 그분의 인도하심을 따라간 것뿐이었다. 남편이 준비한 음식 하나하나, 내가 손님들을 맞이하는 모든 순간이 하나님이 주신 기회였다. 나는 그분께 의지하며 하루하루 충실히 나아갔고, 하나님은 나의 작은 노력을 크게 사용하셨다.

나는 그때의 곰탕집을 돌아보며 하나님께 감사를 드린다. 힘든 순간에도 지켜주신 하나님, 큰 성공 앞에서도 겸손하게 그분을 바라볼 수 있게 해주신 하나님께 말이다. 20불이 채 안 되는 돈으로 미국이란 땅에서 뿌리를 내리게 하시고, 감히 상상할 수도 없었던 큰 재물로 돌려주신 아버지의 은혜는 내게 주신 기적이었다.

05

두려움 없는 도전
'뉴욕 곰탕 하우스'

....

"두려워하지 마라. 내가 너와 함께 있다."(이사야 41:10, 쉬운말 성경)

....

이사야 41:10 "두려워하지 마라. 내가 너와 함께 있다"의 말씀은 내가 가게를 시작하고 확장해 나가면서 항상 마음속에 새기고 있었던 구절이다. 처음에는 작은 곰탕집이었지만, 우리 부부는 하나님께서 주신 비전과 열정으로 점점 더 큰 꿈을 꾸게 되었다.

곰탕집을 시작하고 몇 년이 지나면서 사업은 예상 이상으로 성장했다. 처음에 테이블 세 개로 시작했던 작은 가게가 이제는 손님들이 줄을 서서 기다려야 할 정도로 인기를 끌게 되었다. 친절한 서비스와 맛있는 음식 덕분에 손님들이 끊이지 않았고, 우리는 더 큰 가게로 확장할 시기가 되었다. 하지만 새로운 도전을 할 때마다 불안한 마음이 생겼다.

'하나님, 제가 이 길을 가야 하는 이유와 목적을 보여주세요. 주님의 뜻이 이루어지기를 원합니다.'

하나님께서는 그 기도에 응답하셨고, 큰 결정을 내릴 때마다 놀라운 방법으로 도와주셨다. 새로운 위치를 정할 때나 적합한 장소를 발견하는 데에도 도움을 주셨고, 그곳에 필요한 인력을 채용하는 과정에서도 하나님께서는 언제나 좋은 사람들을 보내주셨다. 이렇게 하나님께 의지하고 기도하는 것이 나의 사업 확장에 얼마나 중요한지 깨달았다.

새 가게를 위한 기도와 지금의 가게 매매를 위한 기도를 이어가던 어느 날 남편이 흥분한 얼굴로 돌아와 말했다.

"여보, 호텔 밑에 가게 하나가 나왔어. 위치도 좋고 가격도 우리에게 딱 맞는 것 같아."

나는 그 말을 듣고 남편과 함께 그 가게를 보러 갔다. 그곳은 공간도 넓고, 손님들을 맞이하기에 좋은 위치에 있었다. 나도 그 가게가 마음에 들었고 오퍼를 넣기로 했다. 그리고 그날 저녁, 남편은 나에게 말했다.

"마침 가게를 사겠다는 사람이 나타났어. 가게를 1만 5천 불엔 못 판다 했더니 2만 불에 사겠다고 하더라. 그래서 그 가격에 팔기로 했어."

나는 처음에는 내키지 않았지만, 이것이 곧 하나님이 주신 뜻이라 믿고 감사한 마음이 들었다. 새 가게를 시작할 필요한 자금을 적시에 해결해 주시는 것이니 어찌 감사하지 않을 수 있겠는가?

그렇게 우리의 첫 가게를 2만 불에 팔았다. 우리는 그동안 모은 돈과 가게를 판 돈으로 더 넓고 좋은 가게로 이전할 준비를 했다. 여러 가지 일을 처리해 나가면서 하나님께서 우리 가정을 돌보시고, 가게를 지켜주신다는 사실을 다시금 깨달았을 때 갑자기 눈물이 났다. 그 눈물은 단순한 슬픔이나 기쁨이 아닌, 하나님께 대한 깊은 감사와 경외심에서 나오는 것이었다.

그렇게 가게를 팔고 나는 계속 새 가게 자리를 위해 기도하고 있었다. 마침 어머니께서 기도원에 간다고 하셔서 나도 어머니를 따라 기도원에 가게 되었다. 마음속에 여러 생각이 엉켜 있었지만, 그날 나는 단 하나의 기도만을 올렸다.

'하나님, 저희에게 좋은 가게 하나 주셔서 우리 가정이 평안하게 살아갈 수 있게 해주세요. 이 가게로 하나님의 좋은 쓰임이 되도록 노력하겠습니다.'

1982년 봄이었다. 여전히 남편은 시간만 나면 좋은 가게를 찾기 위해서 맨하탄 골목을 돌고 또 돌았다. 그러다 한 교회당 근처의 장소가 눈에 들어왔고 괜찮아 보인다며 그곳에서 가게를 열자고 했다. 우리는 그 장소를 두고 몇 번이나 기도하며 고민했다. 그러나 매번 계약을 시도했지만, 계약하는 날엔 번번이 일이 틀어졌다. 세 번이나 같은 일이 반복되었을 때 나는 그곳이 하나님의 뜻이 아니라는 걸 깨달았다. 아쉽지만 마음을 접고 다른 장소를 알아보기 시작했다.

그러던 중 남편은 멕시칸 식당으로 성업 중인 32번가의 6층 건물의 1층을 눈여겨보기 시작했다. 그러나 이 가게는 이미 20년 이상 잘 운영하고 있었고, 무엇보다 주인은 가게를 팔 생각이 없었다. 남편은 그 가게 자리에 확신을 갖고 계속 주인을 설득했다. 나 역시 그동안 끊임없이 기도를 하고 있었다. 기도하면서 하나님께 물었다.

'하나님, 아버지. 정말로 저희가 가야 할 곳은 어디인가요?'

그러던 중 하나님께서 응답을 주셨다. 그 응답은 남편이 주인을 설득하고 있는 32번가 1층 멕시칸 식당, 지금의 곰탕집이었다. 처음 그 가게에 대해 남편에게 설명을 들었을 때 나는 '이게 맞는 걸까?' 하는 마음이 있었지만, 기도원에서 다시 한번 간절히 기도했다.

'하나님, 이 가게가 저희 가정에게 주시는 터전이라면 저희가 잘 준비할 수 있게 도와주세요.'

주일에 예배를 드리고 월요일이 되자마자 남편과 함께 다시 가게로 향했다. 이번에는 이상하게도 계약이 순조롭게 진행되었다. 남편의 진심 어린 설득과 하나님의 은혜로 결국 멕시칸 식당 주인은 10만 불에 그 가게를 팔기로 했다. 남편의 설득과 나의 기도가 이루어진 것이다. 매매 금액 10만 불 중 우리가 모아둔 돈 3만 불과 조금 더 융통해 4만 불을 채우고, 가게 판 2만 불까지 해서 총 6만 불을 지불하고, 나머지 4만 불은 은행 융자를 얻어 매매가 성사되었다. 남은 여유 자금은 없었지만, 마음은 편안했다. 하나님께서 여기까지 인도해 주셨으니 앞으로도 나아갈 방법이 있을 거라는 확신이 있었다. 테이블 3개짜리 27번가 곰탕집에서 80석 '뉴욕 곰탕 하우스'로 재탄생하는 날이었다. 가게를 계약하고 돌아오는 길에 온몸의 긴장이 풀려 안도의 숨을 후~ 내쉬었다.

'하나님, 감사합니다. 이 가게가 우리 가정의 새로운 시작이 될 수 있게 도와주세요.'

가게를 사고 20일 만에 대충 청소만 하고 문을 열었을 때 내 마음은 설렘과 기대로 가득했다. 그러나 이미 맛으로 소문난 우리 곰탕집은 이전했다는 소문을 듣고 문을 열자마자 손님들이 밀려 들어오기 시작했다. 옛날 이민자들에게 곰탕은 그야말로 고향 그 자체이자 최고의 음식이었다. 고단한 타국생활에 뜨끈한 곰탕 한 사발은 그들에겐 위로이자 고향을 느낄 수 있는 편안함이었다. 나는 그 마음을 알기에 더욱 친절하게 맞이했고, 남편은 더 맛있는 곰탕을 위해 연구와 노력을 아끼지 않았다.

지역 특성상 우리는 24시간 영업을 했다. 언제든 고국이 그리울 때 찾을 수 있는 사랑방 같은 곳이길 바랬다. 그리고 해마다 설날이면 식당을 찾는 사람들에게 무료로 떡국을 대접했다. 하나님이 주신 사업이니 우리 부부는 나눔으로 은혜를 갚고자 노력했다. 그렇게 소문이 나면서 우리 곰탕집은 언제나 손님들로 빽빽하게 가게를 채웠다. 27번가에서 하루 200~300불이던 매상이 이곳에서는 5,000~6,000불이 되었다. 5평짜리 가게 테이블 3개에서 나온 매상을 아껴 모아놓은 5,000불을 주저 없이 교회당 건축헌금으로 내놓은 보상이 이렇게 주어지는구나 싶었다.

손님이 많아질수록 나는 일일이 손님들을 맞이하며 "어서 오세요!", "여기 앉으세요!"를 외치며 정신없이 뛰어다녔다. 손님이 많아진다는 것은 분명 기쁜 일이었지만, 내 몸은 쉴 틈이 없었다. 마침 남편 친구가 동업자로 함께 일하게 되어 주방이 튼튼해지면서 가게 매출도 크게 뛰었다.

하루하루는 언제나 분주하게 시작되었다. 이른 아침부터 가게 앞에는 많은 사람이 길게 줄을 서 있었다. 주방 안의 커다란 냄비에선 김이 모락모락 피어올랐고, 곰탕의 깊은 향이 가게 안을 가득 채웠다. 나는 주방과 홀을 오가며 때로는 손님을 맞이하고, 때로는 주방 일을 돕기도 했다. 곰탕을 서빙하느라 팔에 몇 번이나 뜨거운 국물이 튀었지만, 아프거나 닦을 겨를도 없이 다시 돌아서서 다른 손님을 맞아야 했다.

홀에서는 손님들이 곰탕이 나오는 동안 자리에 앉아 대화를 나눴고, 주방에서는 달그락거리며 분주하게 음식을 준비했다. 손님들로 북적이는 소리, 그릇을 내려놓는 소리, 국자가 탁탁 부딪히는 소리가 한데 섞여 식당은 활기로 넘쳤다. 나는 손님들의 요구를 빠르게 처리했고, 그릇을 나르고, 테이블을 치우고, 다시 새로운 손님을 맞이하는 일이 끊임없이 반복되었다.

식당은 언제나 만석으로 빈자리가 거의 없었다. 정신없고 힘들었지만 "이 집 곰탕 정말 맛있어"라는 말을 들을 때마다 피로가 사라지곤 했다. 뜨거운 국물 한 그릇이 손님에게 위로를 주듯 손님들의 행복해하는 모습과 칭찬은 나에게도 아주 큰 위로가 되었다.

하나님께서 이끌어주시는 길을 따라 나아가며 나는 계속해서 곰탕집 사업을 확장할 것이다. 두려움 없이 하나님을 의지하며 하나님께서 주신 사업을 통해 다른 사람들에게도 큰 복이 되기를 바라는 마음으로 나는 매일 기도하며 이 길을 걸어갈 것이다. 하나님께서 나의 행사를 맡아주시고, 그분의 뜻이 이루어지기를 간절히 소망하면서 말이다.

06

욕심과
용서

....

"예수께서 그들에게 말씀하셨습니다. 조심하고 탐욕을 멀리하여라. 사람의 생명은 그가 가진 재산의 많고 적음에 달려 있지 않다."(누가복음 12:15, 쉬운말 성경)

....

새로운 가게로 이사하고 눈 깜짝할 새에 1년이 지나갔다. 바쁜 일상 속에서도 우리 부부는 서로를 응원하며 잘 버텨냈다. 그리고 가게도 잘 되어 이대로만 가면 금방 자리를 잡겠다 싶었다. 그러나 호사다마라고 미처 생각지도 못했던 일이 우리를 기다리고 있었다. 이 일은 나에게 너무나 큰 충격과 슬픔, 배신감을 안겨주었다. 그리고 곰탕집을 시작한 이후로 동료들과 힘을 합쳐 이뤄낸 모든 것에 대해 깊이 생각하게 만든 사건이었다.

새로 이사한 우리 곰탕집 식구들은 주방, 홀 할 것 없이 모두 함께 노력하며 정성껏 손님들을 맞이했다. 점점 손님이 늘어나고, 단골도 생기면서 가게는 계속 성장해 나갔다. 그 과정에서 주방을 담당했던 동업자는 남편의 가장 가까운 친구이자 나의 든든한 동료였다. 그는 처음 가게에서 일을 시작하게 되었을 때 나에게 이렇게 말했다.

"저는 주방을 책임지겠습니다. 사모님은 밖에서 손님 응대에만 신경 쓰시면 됩니다. 열심히 하겠습니다. 우리 같이 가게를 성장시켜 봅시다."

나는 믿을 만한 사람이 필요했고, 남편의 친구인 그의 말을 믿고 동업을 시작했다. 그런데 문제는 동업자 자격으로 들어오긴 했지만 사실 이 사람은 투자를 할 형편이 안 되었다. 그래도 우리는 사람 하나 믿고 함께 일을 하자고 한 것이었다. 그 역시 돈 한 푼 내지 않고 동업을 한다는 것이 맘에 걸렸는지 내게 돈 5천 불을 빌려달라고 했다.

"내가 동업이라고 해도 투자한 돈이 없으니 5천 불을 빌려주면 그 돈을 투자금 명목으로 다시 드리겠습니다. 그리고 그 돈은 일을 하며 갚아 나가겠습니다."

나는 고민 끝에 그렇게라도 해서 그 사람의 마음의 빚이 줄어들어 주인처럼 가게를 꾸려가면 좋겠다 싶어서 돈을 빌려주었다. 내 돈 빌려주고 투자받는 요상한 상황이었지만 투자금은 투자금이었으니까 우리는 기분 좋은 마음으로 함께 가게를 운영했다. 처음에는 아무 문제 없이 잘 돌아갔다. 그도 열심히 일했고 주방도 훨씬 원활하게 돌아가 손님이 아무리 많아도 음식이 늦게 나오는 일도 줄어들어 나는 내심 만족하고 있었다. 그렇게 모두 한마음으로 일을 하자 손님은 더 늘어나 가게는 불같이 일어났다. 우리는 함께 많은 아이디어를 나누고, 어려운 순간을 극복하며 서로를 격려했다.

그러나 견물생심이라 했던가? 시간이 지나면서 그의 태도가 점점 변하기 시작했다. 그리고 1년이 지나자 그의 태도는 완전히 달라졌다. 잘 되는 가게를 보니 그가 욕심이 생긴 것이다. 본인이 투자한 돈은 생각에도 없고 일한 생각만 있는 듯했다. 상냥하게 웃으며 일하던 모습은 점점 사라지고 얼굴엔 불만이 가득해서 언제 터질지 모르는 폭탄 같아 그를 볼 때마다 조마조마하기 시작했다.

그러던 어느 날이었다. 주방에서 그가 갑자기 칼을 들고 요란하게 두드리기 시작했다. 나는 무슨 일인가 싶어 급히 주방으로 뛰어 들어갔다. 그러자 그는 말없이 나를 노려보며 중얼거렸다.

"이 가게는 내 거야. 내 것이라구!"

처음에는 그의 말과 행동이 믿기지 않았다. 나는 그 말을 듣고 잠시 멍해졌다. 그가 대체 무슨 말을 하는 건지 이해할 수가 없었다. '어떻게 그가 나와 함께 쌓아온 이 모든 것을 무시하고 나에게 이런 행동을 할까?'라는 생각이 머릿속을 가득 채웠다. 그는 나와 함께 곰탕집의 성공을 위해 고군분투했던 동료가 아니라, 자신의 이익에 눈이 먼 탐욕으로 가득 찬 존재로 변해 있었다. 그 순간 나는 그를 어떻게 대해야 할지 알 수가 없었다. 그저 이 상황을 이해해 보려고 노력할 뿐이었다.

그러다 몇 분이 지나자 황당함은 분노로 바뀌어 화가 치밀어 올랐지만 나는 꾹 참고 아무 말도 하지 않았다. 원래 나는 쉽게 화를 내지 않는 성격이었지만, 한번 성질이 나면 걷잡을 수 없다는 걸 알기에 일단 주방 밖으로 나왔다. 그냥 못 들은 척하고 일을 계속하려고 했는데, 그가 갑자기 홀로 뛰어나오며 가게 내놓으라 소리를 지르기 시작했다. 그래도 못 들은 척 외면하는 나를 향해 다가오더니 내 몸을 세게 밀쳤다. 그때 나는 세 번째 아이를 임신한 상태였다.

그의 힘에 밀려난 나는 중심을 잃고 넘어지며 탁! 하고 테이블 모서리에 배를 부딪혔다. 순간 숨이 턱 막히고 극심한 고통과 공포가 함께 몰려왔다. 배 속에서 무언가 크게 울리는 느낌이 들었고, 나는 그대로 주저앉았다. 눈물이 흐를 만큼 아팠지만 배 속의 아이 생각이 제일 먼저 들었다. 제발 무사하기를 기도하고 또 기도했다. 바로 앰뷸런스를 불렀고, 병원으로 실려 갔다. 의사는 아이가 위험할 수 있다고 했다. 그 말을 듣자 온몸이 떨렸다. 아이를 잃을 수도 있다는 생각에 눈앞이 캄캄해졌다. 다행히 진찰 결과 아이는 이상이 없었고, 나도 곧 퇴원할 수 있었다. 병원에서 돌아오자마자 나는 그 사람에게 달려갔고 단호히 경고했다. 내 이성은 이미 잃어가고 있었다.

　"너, 이 아이가 잘못되면 살인자가 되는 거야. 알아? 동업자고 뭐고 한 푼도 없이 쫓겨날 줄 알아!"

　그 사람은 한참 동안 말이 없더니 결국 슬며시 지하실로 내려갔다. 그때는 2층이 없어서 사무실이 지하에 있었다. 잠시 후 지하실에서 나오는 그의 얼굴은 굳어 있었다. 그리고 그는 남편에게 말했다.

　"이건 내 가게야, 네가 나가."

　나는 그 말을 듣고 웃음이 나왔다. 단돈 한 푼도 내지 않은 사람이 어떻게 저런 말을 할 수 있을까? 미친 것이 아닌가 싶었다. 그래서 나는 그에게 말했다.

"니 가게라구? 너 돈 냈어? 내가 빌려준 돈 5천 불? 그래, 그 돈 갚았니? 다 내 돈이야. 너 돈 한 푼이라도 보탠 게 있어? 좋게 말할 때 나가. 아니면 고발할 거야."

하지만 그는 내 말을 무시하며 여전히 자기 가게라고 우기더니 "이건 내 거야!"라고 악을 쓰며 결국 나가 버렸다.

나는 남편에게 이 상황을 설명했다. 그리고 남편에게 나서지 말라 당부했다. 내가 문제를 해결하게 지켜봐 달라 부탁했다.

'이대로는 안 되겠어. 도저히 이 사람과는 같이 일할 수 없으니 욕심을 부리지 말고 동업을 끝내야겠다.'

나는 결심했다. 그리고 기도하기 시작했다.

'하나님, 제가 하고 싶은 대로 하게 해주세요. 화가 나서 미칠 것 같아요. 저에게 지혜를 주세요. 이 상황에서 어떻게 해야 할지 모르겠습니다.'

기도하면서 마음이 조금 진정되긴 했지만, 여전히 현실은 날마다 싸움과 갈등으로 가득했다. 남편은 그저 옆에서 지켜보고 있었고, 나는 이 상황을 빨리 끝내고만 싶었다. 변호사를 통해 법적 조언을 얻고 그와의 동업 관계를 정리하기로 했다.

변호사 사무실에서 마주한 그는 동업을 끝내고 가게에서 나가는 조건으로 10만 불을 요구했다. 내 맘 같아선 1원 한 푼도 주고 싶지 않았지만, 그동안 가게가 성공할 수 있었던 것엔 그의 노력도 컸기에 그의 요구를 받아들이기로 했다. 나는 은행에서 10만 불을 찾아 신문지로 싸고, 비누 상자에 넣었다. 현금을 들고 다니는 것은 위험해 물건을 산 것처럼 보이게끔 부피를 키웠다. 남편과 나는 다시 변호사를 찾았다. 변호사 앞에서 확실하게 관계를 정리하고 싶었기 때문이었다.

"이 돈으로 동업 계약은 끝이야. 딴소리하면 너 죽고 나 죽는 거야!"

아니나 다를까 그는 나에게 말했다.

"11만 불을 달라고 했잖아? 10만 불은 부족해."

나는 너무 어이가 없어서 차갑게 웃으며 대답했다.

"이미 10만 불에 합의했잖아? 여기서 더는 줄 수 없어!"

그는 다시 억지를 부리며 더 많은 돈을 요구했지만, 나는 냉정하게 거절했다. 그는 몇 주 동안 생떼를 부리며 돈을 더 달라고 나를 괴롭혔지만 나는 아무런 반응도 보이지 않았다. 시간이 지나자, 그는 지쳤는지 결국 남편을 찾아와 사정하기 시작했다.

"이제 그만 정리하자. 나 진짜 급해."

남편도 할 말이 없었는지 나를 바라보았다. 사실 나는 그의 안하무인격인 행동에 화가 나서 한 푼도 주고 싶지 않았지만, 남편이 중간에서 곤란해하는 모습을 보고 타협하기로 했다.

"좋아. 9만 불만 가져가. 나머지 1만 불은 나중에 당신 행동을 보고 주겠어."

그는 내 눈치를 보며 9만 불이라도 달라며 가져갔다. 나는 그를 더 이상 상대하지 않아도 된다는 사실만으로도 큰 안도감을 느꼈다. 그 후 얼마간은 그와의 싸움도, 스트레스도 없었다. 이제는 우리 가족이 안정적으로 가게를 운영할 수 있다는 생각에 마음이 한결 가벼웠다. 이 모든 과정을 지나면서 나는 중요한 것을 깨달았다. 하나님께서 내게 끊임없는 인내와 용기를 주셨다는 것이다.

전쟁 같은 하루하루의 반복이 지쳐 포기할 수도 있었지만, 나에게는 이 가게가 가족을 먹여 살리는 생명줄이었고, 가게를 열기 전 매일 아침 주님께 드리는 기도의 시간은 그 자체로 복이었다. 난 그냥 평화롭기를 바랬다.

10만 불을 주면서 모든 것이 마무리되는 듯싶더니 그는 또다시 나를 시험에 들게 했다. 그 동업자가 우리 가게 바로 옆에다 똑같은 곰탕집을 개업한 것이다. 게다가 숯불갈비까지 들여와 손님들을 끌어가기 시작했다. 처음보다 더 큰 배신감과 충격에 내 마음은 지옥을 헤매고 있었다.

토요일 오후, 가게가 한창 바쁠 시간이었다. 주방에서는 곰탕이 끓고, 손님들은 여전히 가게를 가득 채우고 있었지만, 나는 손에 일이 잡히질 않았다. 잠시 숨을 고를 겸 차에 들어가 앉았다. 몇 분이 지났을까? 차에 들어와 앉자마자 밀려오는 감정을 더 이상 억누를 수가 없었다. 손에 힘을 주고 운전대를 꽉 잡은 채로 나는 소리 내어 울기 시작했다.

'아버지, 저 정말 죽고 싶어요. 세상에 어떻게 이렇게 저를 힘들게 할 수 있죠? 분명 열 블록 안에서는 가게를 차리지 않기로 약속했는데, 그가 바로 제 옆에서 곰탕과 숯불갈비 가게를 차리다니… 이게 말이 됩니까? 이제 전 어떻게 해야 하나요?'

그 사람은 내가 힘들게 번 돈 10만 불을 가지고 나 보란 듯이 가게를 차리고, 그것도 모자라 곰탕만으로 열심히 일하고 있는 우리 가게 바로 옆에서 그가 고기 굽는 냄새를 퍼뜨리며 손님들을 뺏어갈 생각을 하니, 내 가슴은 미쳐 터질 것만 같았다.

'아버지, 저 사람 죽이고 싶어요. 미워서 미칠 것 같아요. 하나님 제발 저를 도와주세요. 저 사람을 미워하지 않게 해주세요. 제 마음에서 분노와 미움을 가져가시고 그 사람을 예쁘게 보게 해주세요.'

나는 간절히 기도하고 또 기도했다. 끝없는 분노가 나를 삼킬 것 같아 두려웠다. 마음의 평화가 필요했다. 얼마나 울며 기도했을까? 마음속에서 서서히 울분이 가라앉았다. 내 마음속 분노 역시 내 욕심이었음을 깨달았다. 점차 미움은 사라지고, 그가 더 이상 밉지 않았다. 오히려 열심히 일하는 그의 모습이 귀해 보이기까지 했다. '아~ 이것이 주님이 내게 주시는 샬롬Shalom이로구나'라고 느꼈다.

분노가 나를 지배할 때 마태복음 6:14~15 "너희가 사람의 죄를 용서하면, 너희 하늘 아버지께서도 너희를 용서하시겠지만, 너희가 사람의 죄를 용서하지 않으면, 너희 아버지께서도 너희의 죄를 용서하지 않으실 것이다"라는 구절이 떠올랐다. 그리고 욕심이 얼마나 위험한지, 용서가 얼마나 어렵고 중요한지를 깨닫게 되었다. 하나님이 나를 용서해 주셨고, 나도 그를 용서해야 한다는 사실이 깊이 와닿았다. 용서라는 행동이 단순히 그의 잘못을 덮어주는 것이 아니라, 내 마음의 짐을 내려놓고 평안을 찾는 방법이라는 것도 알게 되었다.

그를 용서하기로 결심했을 때, 내가 느낀 감정은 정말 특별했다. 처음에는 쉽지 않았지만, 나 자신을 위해서 그리고 하나님께서 나에게 주신 사랑을 기억하며 마음속에서 그를 위해 기도를 올리기 시작했다. 마음의 짐이 조금씩 가벼워지면서 과거의 그가 나에게 얼마나 많은 도움을 주었는지 생각이 났고, 함께한 좋은 기억들이 떠올랐다. 그가 우리 가게에서 얼마나 소중한 시간을 주었는지 돌아보게 되니 내 안의 분노도 점점 사라지고 있었다.

나는 욕심이 나의 삶을 지배하지 않도록 용서를 통해 하나님의 사랑을 실천하기로 마음먹었다. 욕심은 사람의 마음을 어둡게 하고, 소중한 관계를 파괴할 수 있다는 사실을 깊이 깨달았다. 나는 그를 진심으로 용서하며 그에 대한 배신감을 놓아주기로 했다.

이제 나는 곰탕집을 운영하면서 나에게 주어진 모든 것에 대해 겸손하게 받아들이기로 했다. 삶의 의미는 소유의 양이 아니라, 서로의 관계와 사랑에 있음을 느끼게 되었다. 용서가 나의 마음을 풍요롭게 하고, 그로 인해 하나님과의 관계가 더욱 깊어졌다는 사실을 깨달았다. 이제 나는 하나님의 인도하심에 감사하며 더 나은 사람이 되고자 노력할 것이다.

07

고난 끝에 세운
하나님의 집

....

"너는 용기를 내어 그 일을 실행하여라. 여호와께서 너와 함께 하시고 너를 도우실 것이다." (역대상 28:10, 쉬운말 성경)

....

그 당시 미국에 있는 한인교회들은 다 영세해서 대부분 미국인 교회당을 빌려서 예배를 드리고 있었다. 우리 한소망교회도 예외는 아니어서 루터 교회의 일정이 모두 끝난 오후 2시쯤 예배를 시작할 수 있었다. 그래서 한인 교인들은 누구나 다 독립적인 교회당을 건립하는 게 큰 소망이었다. 우리 한소망교회도 마찬가지였다. 그러나 교회당을 짓는다는 것은 아주 큰 사업이었고, 교인들 대부분이 넉넉한 살림이 아니라서 쉽게 나설 수 없는 꿈같은 일이었다.

1998년 어느 일요일, 목사님이 교회당 건축에 관한 소망을 말씀하셨다. 아마도 목사님은 교회당을 위한 기도를 계속해 오셨을 것이다. 예배를 마친 후 집에 돌아온 남편이 진지한 얼굴로 말을 꺼냈다.

"여보, 오늘 목사님이 하신 말씀 어떻게 생각해? 사실 우리 교회당도 이제 교회당 건축을 해야 할 때인 것 같긴 해. 오늘 목사님과 장로들이 모여서 회의를 했는데 다들 쉽게 결정을 못하더라구. 우리가 건축 부지를 사면 어떨까? 그리고 당신과 상의 없이 이미 100만 불 작정헌금을 하겠다고 해버렸어. 미안해요."

남편의 말에 따르면 우리 교회가 빌려 쓰는 루터 교회에서 체육관을 지을 기금을 마련하기 위해 교단 땅 중에 1에이커를 우리 한인교회에서 사면 어떻겠냐고 편지를 목사님께 보내왔다고 했다. 사실 남편은 오래전부터 100만 불 헌금에 대한 꿈을 가지고 있었다. 나 역시 교회당 건축에 대한 꿈을 계속 갖고 있었지만, 이 모든 일이 과연 가능할지에 대한 걱정도 뒤따랐다. 게다가 새롭게 시작한 남편의 곰탕캔 사업에도 돈이 많이 들어가는 상황이었다.

그러나 나는 그리 오래 고민하지 않았다. 이미 오래전부터 하나님의 교회당 건축을 꿈꾸며 기도해왔고, 그 꿈을 이제 실현할 시간이라는 것을 느낄 수 있었다.

"여보, 그렇게 하세요. 모든 것이 하나님의 계획임을 알아요. 우리를 지켜주실 거예요."

"고마워, 여보."

남편과 나는 두 손을 모아 교회당 건축을 위한 기도를 올렸다.

처녀 시절 나는 교회당에 대한 특별한 꿈을 꾸었다. 꿈속에서 나는 하얀 도화지 앞에 서 있었다. 그것은 단순한 종이가 아니었다. 마치 끝없는 공간처럼 느껴졌다. 하얀 도화지 위에는 네 개의 건물이 그려져 있었는데, 그 건물들은 모두 아름다웠고, 마치 하나님이 계시는 곳처럼 신비로웠다. 그리고 어디선가 하나님의 목소리가 들렸다.

"어느 교회당이 네 마음에 드느냐?"

그 목소리는 부드럽게 내 영혼에 깊숙이 스며들었다. 마치 온 우주가 나를 향해 속삭이는 것 같았고, 나는 그 경외심에 압도당했다. 모든 것이 멈춘 듯 나의 숨결조차 조용해졌다. 나는 천천히 네 개의 교회당을 바라보았다.

첫 번째 교회당은 거대하고 웅장했다. 탑은 하늘에 닿을 듯 높았고, 그 위엄은 누구라도 압도할 만큼 경이로웠다. 하지만 그것을 바라보는 내 마음은 흔들렸다.
'내가 과연 이 교회당을 감당할 수 있을까?'
그 교회당은 너무 컸고, 내가 할 수 있는 것 이상이라는 생각이 들었다. 두려움이 내 가슴속에 피어났다. 다음으로 시선을 돌린 두 번째 교회당도 첫 번째 교회당과 마찬가지로 거대했다. 그 규모와 장엄함은 내 시선을 잡아끌었지만, 그 속에서 나 자신이 너무 작게 느껴졌다. 그 교회당 앞에 선 나는 마치 작은 모래알처럼 보잘것없어 보였다. '이것도 내가 짊어지기엔 너무 무거운 사명일지도 몰라'라는 생각이 마음을 스쳐 갔다.

그리고 세 번째 교회당으로 눈을 돌렸다. 이 교회당은 앞 두 교회당보다는 더 현실적이고, 내 마음에 맞는 크기였다. 나는 잠시 그 교회당 앞에서 멈췄다. 그 안에서 내 꿈과 비전이 자랄 수 있을 것 같았다. 그 교회당은 너무나 아름다웠고, 내가 충분히 섬길 수 있을 만큼의 크기였다. 마음이 흔들렸다. 그리고 난 마지막 네 번째 교회당에 다가갔다. 그 교회당은 작고 아담했다. 하지만 그 안에는 나를 이끄는 특별한 무언가가 있었다. 따뜻하고 아늑한 빛이 그 교회당을 감쌌고, 나의 마음을 부드럽게 안아주는 듯했다. 크기나 규모는 중요하지 않았다.

나는 그 교회당을 보는 순간 내 영혼 깊은 곳에서부터 평안이 밀려왔다. 내가 상상했던 것 이상의 아름다움이 있었다. 나는 아무 말도 하지 않았다. 그저 조용히 손을 뻗어 네 번째 교회당을 가리켰다. 그리고 자연스럽게 그 교회당을 집었다. 그 순간 꿈에서 깨어나고 모든 것이 사라졌지만, 그 교회당은 내 마음속 깊이 들어왔다. 내 가슴은 두근거렸고 하나님의 사랑과 은혜로 가득 차올랐다. 이 교회당은 내게 주어진 사명임을 확신했다. 하나님께서 주신 선택의 순간은 내 영혼과 하나님의 뜻이 만나는 지점이었고, 하나님께서 내게 맡기신 사명을 향해 나아가는 첫걸음이었다.

남편이 교회당 건축 이야기를 꺼냈을 때 꿈속의 교회당을 떠올린 것은 이미 정해진 하나님의 시간이 바로 지금이라는 것을 느낄 수 있었다. 교회당을 짓는다는 것은 그 자체로 하나님의 은혜와 사역의 상징이자, 모든 신앙인의 염원이 담긴 중요한 일이었다. 역대상 28:10의 말씀에서 다윗은 아들 솔로몬에게 이렇게 격려했다.

"너는 힘을 내라, 그 일을 행하라. 여호와께서 너를 도우실 것이니라."

나는 이 구절처럼 교회당을 짓는 일에 하나님께서 함께 하시며 모든 과정을 인도하실 것이라는 깊은 신뢰와 확신을 갖고 있었다. 하나님은 자신의 집을 짓는 일을 통해 그와의 관계를 더욱 강화하고, 그 백성과 함께하시겠다는 약속이다. 나는 이 교회당 건축의 중요성을 깊이 이해하고, 그 일에 내 모든 것을 바치기로 결심했다. 처음에는 현실적인 두려움과 걱정이 앞섰지만, 하나님께서 꿈에서 보여주신 비전을 믿고 따르기로 마음먹었다. 기도와 준비 과정을 거치면서 교회당은 그것이 단순한 건물 이상의 의미라는 것을 더욱 확고하게 깨달았다. 그것은 하나님이 거하실 장소이며, 사람들에게 희망과 위로를 줄 공간이었다.

예상대로 작업이 시작되자 많은 어려움이 닥쳤다. 자금이 부족했고, 필요한 인력을 모집하는 것도 쉽지 않았다. 그러나 매일 아침기도를 통해 하나님의 도우심을 구하며 나아갔다. 그 과정에서 여러 번의 난관이 있었지만, 하나님께서 보내주신 도움의 손길과 성령의 인도를 느낄 수 있었다.

이 교회당 건축은 많은 희생을 감수해야 했다. 특히 재정적으로도 큰 부담을 안게 되었다. 가끔은 포기하고 싶었던 순간도 있었다. 그러나 다윗이 솔로몬에게 격려한 그 말씀을 마음에 새기며, 하나님께서 나를 도와주실 것이라는 믿음으로 계속 나아갔다. 하나님께 모든 것을 맡기고, 그분의 인도를 받는다는 것은 내 삶의 가장 중요한 은혜 중 하나이기 때문이다.

그 무렵 남편은 교회에서 재정을 담당하는 일을 했다. 교인 40~50가구가 전부인 우리 교회는 늘 재정이 부족했다. 모두가 가난하던 시절 그 인원으로 교회당 건물을 짓는다는 것은 교인들에겐 아주 큰 부담이었다. 교인 몇몇은 부담을 느껴 우리 교회를 떠나기도 했다. 이러한 교회의 사정을 너무 잘 아는 남편은 기꺼이 그 짐을 나눠서 지고자 했으며, 나는 그를 응원했다. 어떤 어려움이 있더라도 교회당 건축은 이루어진다는 믿음과 확신이 있었다. 그것은 나의 사업도 아니고, 목사님의 사업도 아닌, 하나님의 사업이었기 때문이다.

하나님의 은혜로 곰탕집은 여전히 장사가 잘 되었다. 남편의 곰탕캔 사업에 언제 큰돈이 들어갈지 몰라 나는 늘 비상금을 모아놓고 있었다. 언제든지 큰일이 닥치면 신속하게 해결할 수 있도록 해야 했다. 매일 조금씩 저축해서 10만 불 정도를 어렵게 모아두었다. 마침 그때 교회에서도 부지 구입에 대해 본격적으로 논의되기 시작했다. 나는 돈이 얼마나 있어야 땅을 살 수 있는지, 목사님과 남편, 교회당의 장로회에서는 어떤 계획이 있는지 조금 걱정이 되었다. 그리고 얼마 후 목사님께 전화가 왔다. 내일 계약을 해야 하는데, 자금이 부족하다는 말씀을 하셨다.

나는 고민할 이유가 없었다. 이미 정해진 일이었고, 하나님께서 이 일을 인도하고 계신다는 확신이 있었기 때문이다. 나는 목사님께 집으로 오시라고 했다.

"목사님, 제가 10만 불을 모아두었습니다. 5만 불을 먼저 드리겠습니다. 나머지 5만 불은 남편을 통해 드리겠습니다."

다음날 목사님이 오셨고, 우리는 부지 매매 계약을 했다. 그렇게 하나님의 교회당을 세우기 위한 첫걸음이 시작되었다. 하지만 건축은 결코 쉬운 일이 아니었다. 9만 불로 계약을 일단 마쳤지만, 나머지 잔금 110만 불은 앞으로 우리 부부가 갚아 나가야 할 큰 산이었다. 이를 위해 나는 더욱더 열심히 일했고, 더 간절히 하나님께 기도드렸다.

1990년 9월, 정확히는 8월 20일쯤이었다. 그때부터 나의 길고 긴 고행의 시간이 시작되었다.

'아버지, 저희는 땅값을 갚을 돈이 한 푼도 없습니다. 손님을 많이 보내주세요. 땅값을 문제없이 지불할 수 있게 도와주세요.'

매일 아침 눈을 뜰 때마다, 잠들기 전까지 나는 오직 그 기도만을 반복했다. 땅값을 갚지 못하면 모든 것이 무너질 것 같은 불안감이 나를 짓눌렀다. 시간이 지날수록 조바심은 더해졌다. 손님은 줄어드는 것 같고, 나의 기도는 하늘에 닿지 않는 것처럼 느껴졌다.

'아버지, 왜 이렇게 안 되는 걸까요? 저는 더 열심히 일하고 있습니다. 제발, 저희를 도와주세요.'

매일 같이 불안과 절망 속에서 기도했지만, 하나님은 아무런 응답도 주시지 않는 것만 같았다. 그러던 어느 날, 다른 가게 주인들과 이야기를 나누게 됐다. 경제가 나빠지면서 그들 역시 힘들어하고 있었다.

"우리 모두 힘들어 죽겠는데 여기 곰탕집은 왜 이렇게 잘 되는 거야? 당신네 가게만 손님이 넘쳐나네. 예수 믿어서 그런 건가?"

그 말이 나는 믿기지 않았다. 매일 손님이 줄어드는 것 같았고, 땅값을 갚을 길이 막막하기만 했는데, 남들은 우리 가게가 잘 된다고 말하는 게 인사치레로만 들렸다. 그래도 혹시나 하는 마음에 주변 가게들을 돌아보았다. 그리고 나는 그제야 조금씩 깨닫기 시작했다. 하나님께서 우리 가게를 지키고 계셨다는 사실을! 내가 보기에는 손님이 줄어들고 있었고, 땅값을 갚지 못할까 두려웠지만, 사실은 다른 곳에 비해 우리 가게는 여전히 손님이 많았고, 더 나았다는 걸 알게 됐다.

그러나 점점 나빠진 경기 불황의 여파는 우리 가게도 피해 갈 수 없었고, 날이 갈수록 상황은 나아지지 않았다. 그럴 때마다 나는 더 간절히 기도했고, 한 걸음도 물러설 수 없었다. 나는 일단 모든 비용을 아껴 지출을 조금씩 줄여나가기 시작했다. 식당 일이 바빠서 우리 집에 잔디 깎는 일을 돈을 주고 사람들에게 맡겼지만, 이제는 그마저도 아껴야 했다. 남의 손을 빌릴 여유가 없었다. 배달시키던 물건도 새벽마다 시장에 나가서 직접 야채를 샀고, 내가 할 수 있는 한 모든 일은 내 손으로 처리했다.

그러던 어느 날 기어이 일이 터지고야 말았다. 집 마당에 풀이 너무 많이 자라서 잔디 깎기를 꺼냈다. 잔디를 깎다가 기계에 걸린 풀을 빼내려는 순간 모터가 돌아가 그만 손가락 세 개가 잘리는 사고를 당하고 말았다. 피가 사방에 튀고, 바로 병원에 가서 응급수술을 했지만, 너무 큰 조직 손상으로 잘린 손가락을 봉합할 순 없었다. 남편은 다 자기 탓이라며 내 손을 붙잡고 펑펑 울었다. 남편이 시동을 쉽게 걸게 하려고 핀을 미리 뽑아놓았는데 나는 그걸 모르고 여느 때처럼 똑같이 사용하다 사고를 당했으니 그 심정이 오죽했을까?

게다가 돈 300불 아끼려다 내 손가락을 잃었다고 자책하며 눈물을 흘렸다. 나 역시 손가락이 없는 내 손이 창피해서 트라우마와 콤플렉스로 한동안 힘든 시간을 보내야 했다.

그래도 다행히 시간이 지나면서 적응이 되고, 감정도 무뎌지면서 다시 현실로 돌아왔다. 더 이상 아프다는 생각도, 힘들다는 생각도 들지 않았다. 내겐 '교회당 건축' 오직 이 한 가지 생각뿐이었다.

'아버지, 땅값을 갚아주세요.'

시간이 흘러 1년, 2년, 3년, 그렇게 힘든 시간은 어느덧 5년 4개월을 지나고 있었다.

'아버지, 이제는 내 목숨을 가져가시고 땅값만 갚아주세요.'

아무리 노력해도 상황은 나아지지 않았고, 내 마음속에는 죽음밖에 남지 않았다. 내 정신은 이미 극한까지 다다랐고, 더 버틸 힘이 없었다. 그 와중에 아들의 중학교 졸업식 날이 되었다. 졸업장 수여식에서 아들의 이름이 호명되었을 때 무의식적으로 내가 무대 앞으로 걸어가고 말았다. 선생님 앞에 서 있는 나를 보고 다들 어리둥절했다. 나는 그때까지도 상황 인식을 못한 채 주변을 돌아보다가 정신이 번쩍 들었다. 그제야 내가 얼마나 지쳐 있었는지 깨달았다. 그동안 얼마나 애타게 기도했는지, 얼마나 간절하게 매달렸는지 알게 된 순간이었다.

집에 돌아온 나는 오늘 이 황당한 일을 생각하며 아이에게 너무나 미안하고 창피해서 정신과 마음을 다시 다잡아야겠다고 생각했다. 그리고 차분히 앉아 하나님께 기도를 드렸다.

'내가 너를 도와주지 않으면 너는 그 성질에 너 스스로 죽고 말 것이로구나.'

하나님의 음성이 내 귀에 울렸다. 맞다! 하나님이 도와주지 않으면 나는 더는 버틸 수 없을 것이다.

'아버지, 맞습니다. 내 모든 것을 걸고 노력해왔는데 너무 힘이 듭니다. 정말 죽을 것 같습니다. 제발 도와주세요.'

그리고 나는 다시 힘을 내어 일상으로 돌아가 열심히 일을 했다. 그렇게 다시 1년이 지나고 땅값이 결국 다 갚아졌다. 처음에는 믿기지 않았다. 내가 그토록 절박하게 기도했던 것이 이뤄졌다는 사실이 너무도 놀라웠다. 그렇게 많은 시간을 고통 속에 보내고 기도의 응답을 기다리며 울부짖었는데, 이제 모든 짐이 내려진 듯한 느낌이었다. 나는 안도감과 해냈다는 성취감에 털썩 그 자리에 주저앉아 한숨을 돌렸다. 하나님은 나의 기도에 응답하셨고, 나는 비로소 모든 것을 내려놓을 수 있었다.

가게 매출이 나오는 대로 땅값을 갚느라 가게 재정은 바닥이 나 있었다. 설상가상으로 남편의 곰탕캔 사업 역시 여러 가지 악재가 겹치면서 더 버틸 수가 없어 폐업했다. 폐업한 후 남은 것은 태산처럼 쌓인 빚과 매일 같이 들이닥치는 청구서들이었다. 교회당 부지 융자를 다 갚은 기쁨도 잠시,

내게 남아 있는 현실은 마음을 짓눌렀다. 쌀과 밀가루, 기름 같은 재료들을 외상으로 들여온 탓에 빚이 쌓여만 갔지만, 현금은 고갈된 상태였다. 그 와중에도 식당은 운영해야 했기에 나는 따로 야채와 재료를 살 현금을 비축해야만 했다. 어떻게든 가게는 문을 열어야 했기 때문이다.

어느 날, 카운터에서 직원이 나를 불렀다.
"사모님, 고려식품에서 전화가 왔는데요. 물건값을 갚으라고 하십니다."

나는 손이 떨리고 심장이 두근거렸다. 전화기를 받아들고 "여보세요?" 하고 겨우 말문을 열었다. 상대방은 심각한 목소리로 물건값을 조금이라도 갚아달라 했다. 그들도 돈을 받아야 월급도 주고, 물건도 구매할 테니 물건값을 독촉해야만 하는 처지도 충분히 이해되었다. 하지만 마음과는 달리 당장 갚을 돈이 없었다.

"조금만 더 기다려 주시면 안 될까요?"
"사장님, 저희도 힘들어서요. 더 버티기가 힘이 들어서요. 재촉하는 저희도 맘이 좋진 않습니다."

그 말을 듣고 있는 나는 마음이 아팠다. 나는 일단 조금 모아놓았던 돈 1만 5천 불을 보내주었다. 일단 급한 불을 끄고 나니 가게는 다시 정상적으로 돌아가기 시작했다.

시간이 흘러 어느덧 재정적으로 겨우 한숨 돌릴 무렵이었다. 다시 교회당 건축 이야기가 나오기 시작했다. 미국엔 용지를 매입하고 건축허가를 받은 후엔 2년 안에 시공해야 하는 법이 있었다. 그러나 사실 우리 교회 재정은 그동안 부지 비용을 갚아가는 것도 빠듯해서 건축 공사는 생각도 못하는 상황이었다. 그리고 그땐 사회 경제가 너무 힘들 때라 다른 곳도 우리와 다르지 않았다. 다행히 주 정부에서도 건축 기한을 2년에서 3년으로 시간적 여유를 주었었다. 그 3년이라는 기한이 다가오고 있어서 이젠 더는 공사를 미룰 수 없는 상황이었다. 남편은 이번에도 앞장서서 건축을 추진했다.

"이제 공사를 시작해야겠지요?"

이렇게 말하면서도 나는 머릿속이 복잡해졌다. 이제 겨우 빚을 갚아 조금 숨통이 트였는데, 지난 시간이 떠올라 덜컥 겁이 났다. 그렇지만 반드시 해야 할 일이었기에 냉정하게 현실을 파악해 계획을 세워야 했다. 교회에서도 목사님과 장로님들이 건축비 마련을 위해 대책을 세우고 있을 것이다. 남편도 나도 우리가 할 수 있는 최선을 다하자고 마음을 모았다.

남편과 나는 30만 불을 작정헌금으로 냈다. 주변에선 지난 몇 년 동안 있는 돈 다 퍼줘서 지금 자기 코가 석 자면서 또 교회에 돈을 댄다며 수군대기 시작했다. 교회 내에서도 더는 힘들다며 많은 사람이 떠나갔다. 남아 있는 성도들은 세차도 하고, 바자회도 열며 건축비를 마련하기 위해 힘을 모았다. 한 번은 공사비가 제때 지급되지 않자 공사를 중단하겠다는 통보가 왔다. 나는 급한 대로 그동안 안 먹고 안 쓰며 모아둔 10만 불을 내놓았다. 꼬깃꼬깃해진 지폐들과 어떤 건 곰팡이가 피어 있는 돈을 보며 남편과 목사님은 눈물을 흘렸다. 고마움과 미안함의 눈물이란 것을 난 알았다.

건축 공사가 한창이던 어느 날 은행 지점장이 우리 목사님을 찾아왔다. 이 은행 지점장은 정부에서 특별한 기금이 마련되었다고 자금이 필요하면 대출을 해주겠다고 했다. 원한다면 교회당 건축을 위해 사용할 수 있다고 했다. 그리고 그 조건이 매우 파격적이었다. 이자율이 아주 낮고, 상환 조건도 유리했으며, 특히 어려운 사람들, 즉 우리처럼 경제적으로 어려운 단체에 제공되는 특별한 지원이었다.

처음 그 이야기를 들었을 때 나는 믿기지 않았다. '어떻게 정부가 우리 같은 작은 한인교회에 이런 도움을 줄 수 있을까?'라는 의문이 들었지만, 지점장이 직접 찾아와 설명한 내용을 들으면서 나는 이것이 우연이 아니라 하나님께서 우리의 기도를 들어주신 응답임을 확신하게 되었다. 그는 특별히 교회당을 짓는 일에 이 돈을 사용할 수 있다며, 기금이 곧 소진될 것이기 때문에 신속히 결정해야 한다고 했다. 우리가 신청을 안 하면 다른 사람들에게 넘어갈 것이고, 우리는 더는 기회를 잡을 수 없다는 것이었다.

목사님과 장로님은 이 기금을 사용할지 고민하셨다. 목사님은 교회당 건축을 위해서 더 많은 헌금이 모인 후에 차근차근 진행하는 것이 맞다고 생각하셨지만, 남편인 김 장로는 이 기회를 놓쳐서는 안 된다고 강력하게 주장하였다. 두 분은 서로 의견을 나누며 다투셨지만, 결국 남편의 의견이 받아들여졌다. 남편은 바로 기금을 신청해 60만 불이라는 큰 금액을 지원받게 되었다. 여기에 우리의 작정헌금 30만 불을 더해 총 90만 불로 교회당을 지을 수 있었다.

교회당의 벽돌이 점점 쌓여 올라가는 걸 보면서 나는 그 과정 하나하나가 마치 하나님의 손길로 이루어지는 것처럼 느껴졌다. 기적처럼 나타난 정부 기금을 통해 금전적인 큰 문제를 해결하고, 또 그로 인해 우리 교회당이 온전하게 세워지게 된 것은 인간의 계획이 아닌, 오직 하나님이 준비하신 일이라는 것을 깨달았다. 그리고 하나님께서 우리의 삶에 어떻게 역사하시는지를 깊이 느끼게 되었고, 감사와 찬양을 멈출 수 없었다.

1998년 8월 2일, 드디어 건축이 끝나고 입당 예배를 드렸다. 1988년 건축 부지 작정헌금을 한 지 꼭 10년 만에 이루어진 꿈이었다. 입당 예배를 드리는 동안 우리 모두는 감격의 눈물을 흘렸다. 특히 나는 오랫동안 눈물이 멈추지 않았다. 지나온 10년이 마치 영화 필름처럼 눈앞에 펼쳐졌다. 셀 수 없는 수많은 기도와 눈물, 잃어버린 세 개의 손가락, 그리고 그 밖의 모든 어려움은 온데간데없이 사라지고 오로지 기쁨의 눈물만 흘러나왔다. 나는 그 모든 순간에 하나님이 함께하셨음을 너무나 잘 안다. 고난의 시간조차 그분의 계획이자 은혜였음을 말이다.

교회당이 완공되고 하나님께서 그곳에 임재하신 순간 모든 희생이 값지게 여겨졌다. 그 자리에 서서 많은 사람이 기도하고 찬양하는 모습을 보며 나는 하나님께서 이 일을 통해 얼마나 큰 은혜를 베푸셨는지를 알게 되었다. 이곳에서 많은 사람이 새로운 시작과 회복의 기회를 찾을 것이다. 하나님은 우리의 모든 희생과 노력을 기억하시고, 그 과정을 통해 더욱 강하게 만들어 주실 것이다. 그리고 나는 교회당이 완공되던 순간의 그 벅찬 감정을 평생 잊지 못할 것이다.

08

내 삶을 인도한
하나님의 천사들

....

"그가 너를 위해 그의 천사들에게 명령하셔서 너의 모든 길에서 너를 지키게 하실 것이다. 그들이 너를 그들의 손으로 붙들어 너의 발이 돌에 부딪히지 않도록 할 것이다."(시편 91:11~12, 쉬운말 성경)

....

천사를 만난 적이 있는가? 라고 누군가가 나에게 묻는다면 나는 자신 있게 대답할 수 있다. 나는 살아오는 동안 다양한 모습으로 오신 천사들을 만났고 하나님께서 보내신 것임을 확신한다.

천사는 꼭 하늘에서 내려오는 빛나는 존재만을 의미하는 것은 아니다. 내 인생을 돌아보면 하나님은 정말 다양한 모습으로 나를 찾아오셨다. 때론 손님의 모습으로, 때론 하나님의 음성으로, 때론 기도의 응답으로, 또 어떤 때는 길 위의 노숙자처럼 나타나 나를 지켜주셨다. 그분은 내가 가장 힘들고 지쳐 있을 때마다 예기치 않게 나타나셨다. 누구도 예상할 수 없는 방식으로 내 앞에 서셨고, 나의 손을 잡아주셨다.

천사를 단번에 알아보기는 쉽지 않다. 그러나 우리는 성경을 통해 그리고 믿음의 경험을 통해 천사의 모습을 깨닫게 된다. 천사들은 종종 사람의 모습으로 나타나며, 일상적인 상황에서 우리가 알아채지 못하는 방식으로 역사하기도 한다. 성경에서 히브리서 13:2는 이렇게 말한다.

"손님 대접하기를 소홀히 하지 말라. 이로써 부지중에 천사들을 대접한 이들이 있었느니라."

이 구절은 천사는 우리가 예상하지 못한 모습으로 나타날 수 있음을 보여준다.

내게 온 한 천사의 이야기이다. 남편의 사업과 교회당 건축으로 재정적으로 힘든 시기를 보내고 있던 시기였다. 그 날도 나는 가게에서 분주하게 일을 하고 손님을 맞이하고 있었다. 가게 안에는 손님들로 북적거렸는데 유독 한 손님이 내 시선을 끌었다. 그 손님의 외향은 평범했지만, 품위가 느껴지고 얼굴빛이 맑고 밝았다. 어딘지 모르게 보통 사람들과는 다른 무언가를 느끼게 했다. 나는 반갑게 인사를 하고 그분은 곰탕을 주문했다. 식사를 마치고 계산을 하며 그 손님은 다가와 말했다.

"이 가게에서 숯불갈비를 하면 정말 잘 될 겁니다. 제 말을 꼭 기억하세요."

순간 그 평범한 한마디가 내 심장에 콕 박히는 느낌이 들었다. 나는 놀라 그를 바라보았다. 그리고 그 손님은 문을 나서다 말고 뒤돌아보며 물었다.

"제가 어디서 온지 아세요?"

"어디서 오셨어요?"

그러자 그는 미소를 지으며 말했다.

"저는 LA에서 왔습니다. 이 집은 정말 잘 될 겁니다."

LA Los Angeles! 천사들의 도시! 마치 천사가 와서 우리 가게의 성공을 예언하는 것처럼 들렸다. 나는 그 말을 흘려듣지 않았다. 하나님의 메시지란 생각이 확고했기 때문이다. 내가 그렇게도 기도하던 문제에 대한 하나님의 답이 천사의 입을 통해 전해진 것이다. 그의 따뜻한 음성과 온화한 눈길, 그리고 그분에게서 은은히 비치는 무어라 표현하기 힘든 빛! 나는 그가 단순한 손님이 아니었음을 깨달았다. 그분은 손님의 모습으로 내게 온 천사였다.

하나님은 내게 가게를 확장하라는 메시지를 내려주셨다. 나는 남편에게 오늘 있었던 일을 이야기하고 바로 숯불갈비를 판매할 수 있도록 준비했다. 미국은 고기가 저렴하니 왕갈비와 양념갈비를 숯불에 구워 팔면 마진이 크게 남는 좋은 아이템이었다. 곰탕 한 그릇 파는 것보다 매출이 3배는 된다.

가게를 확장해 숯불갈비를 팔자마자 수입은 크게 늘어나기 시작했다. 우리 가게 음식이 맛있다고 이미 소문이 난 터라 아이템을 추가해 파는 일은 어렵지 않았다. 곰탕 먹으러 온 손님들도 추가로 갈비까지 주문해서 먹으니 가게는 1층, 2층 모두 만석이었다. 재정이 힘들어 도와달라고 청한 나의 간절한 기도에 하나님은 천사를 통해 방법을 주셨고, 우리는 또 한 번 어려움을 이겨낼 수 있었다.

어느 이른 새벽 시장에 다녀오는 길이었다. 직접 물건을 사오면 배달료가 안 들어가서 그 돈을 교회당 땅값에 보탤 수 있었기에 나는 직접 시장에 나가 채소 등 필요한 재료를 사오곤 했다. 그날도 시장에 다녀오는데 차에 갑자기 문제가 생겼다. 차가 한쪽으로 휘청거리더니 길가에 멈춰 선 것이다. 나는 혼자 어떻게 해야 할지 몰라 당황했고 막막했다. 차에 대해선 아무것도 몰라 손도 쓸 수 없고, 새벽이라 도와줄 사람도 보이지 않았다. 나는 차 안에서 그냥 멍하니 앉아만 있었다.

다행히 얼마 지나지 않아 경찰이 지나가다 내 차를 발견하고는 다가왔다. 경찰은 차를 둘러보더니 타이어가 펑크 났다며 몇 번 시도를 해보더니 잘 안 되는지 자기네는 도와줄 수 없다고 하며 그냥 떠나버렸다. 경찰이 문제를 해결해 줄 거라고 기대를 하고 있던 나는 맥이 풀렸다. 조금 있으니 흑인 남녀가 지나가다가 도와주겠다고 했다. 그들은 타이어를 교체해 보려고 나사를 풀려고 했지만, 웬일인지 나사가 꽉 끼어 풀어지질 않았다. 그렇게 몇 십 분을 씨름하더니 흑인 남자도 나사가 풀리질 않는다며 이상하다고 했다. 그리곤 몇 번 더 나사를 풀어보려고 시도하더니 결국 못하겠다고 미안하다며 돌아가 버렸다. 나는 더 이상 어찌할 방법이 없었다. 그저 차 안에 앉아 하나님께 도움을 구하는 수밖에 없었다.

그때였다. 누군가 걸어오는 소리가 들렸다. 고개를 돌려 보니 다 찢어진 옷을 입고 몸은 더러워진 노숙자 한 명이 다가오고 있었다. 그는 술에 잔뜩 취해 있었고, 비틀거리며 다가오더니 내게 다짜고짜 말을 걸었다.

"내가 고쳐줄까?"

나는 그의 행색에 놀라고 두려웠다. 지저분한 옷차림에 술 냄새까지 진동하는 그를 보며 경계심이 생겼다. 나도 모르게 고개를 저으며 말했다.

"아니요, 괜찮아요. 손대지 마세요."

속으로는 '저 사람이 도울 수 있겠어?'라는 생각만 들었다. 노숙자인 데다가 취한 사람이라 아무것도 못할 것같이 보였다. 무서움에 나는 그에게 다가오지 말라고 손을 흔들며 거절했다. 그러나 그는 내 거절에도 아랑곳하지 않고 고집을 부리며 손짓했다. 도와주겠다는 의지가 가득해 보였다. 그때 맞은편에서 한 중국인이 고개를 끄덕이며 나에게 그에게 맡겨보라는 신호를 보냈다. 난 어쩔 수 없이 허락했다.

마음은 여전히 불안했지만, 나사를 풀지도 못했던 상황에서 차는 고쳐야 했으니 어쩌겠는가? 지푸라기라도 잡는 심정으로 그의 손에 맡기기로 했다. 그 노숙자는 술에 취해 비틀거리면서도 손으로 나사를 돌리기 시작했다. 게다가, 그는 장비도 없이 맨손으로 나사를 풀어내기 시작했다. 수십 번의 시도에도 꿈쩍도 하지 않던 나사가 술술 돌아갔다. 그게 어떻게 가능한지 믿기지 않았다. 세상에! 기계로도 풀리지 않았던 나사를 그가 맨손으로 풀고 있다.

이윽고 그는 타이어를 교체하기 시작했다. 나는 그 순간이 사람! 이 노숙자 같은 모습으로 다가온 이 남자는 하나님께서 보내주신 천사일지도 모른다는 생각이 스쳤다. 타이어가 완전히 교체되고 나자, 나는 고마운 마음에 그에게 돈을 조금 건넸다. 19달러, 그때 내가 가진 전부였다. 그는 미소를 띤 채 고개를 저으며 말했다.

"커피 한 잔이면 돼."

그리고 그는 동전 한 개를 집어 들고 가던 길로 다시 걷기 시작했다.

돌아서 걸어가는 그의 뒷모습은 더 이상 비틀거리지도 초라해 보이지도 않았다. 그는 노숙자의 모습으로 다가왔지만, 그가 곧 하나님이 보내주신 천사였음을 나는 깨달았다. 사람의 겉모습만 보고 판단해 두려워하고 거부했던 내가 부끄러웠다. 하나님은 종종 가장 예상하지 못한 순간, 가장 예기치 못한 모습으로 우리에게 손길을 내미신다는 것을 그때 다시 배웠다. 나는 그를 통해 하나님이 나를 얼마나 사랑하시는지를 다시 한번 깨닫게 되었다.

이처럼 천사는 눈에 보이는 화려한 존재가 아니라, 하나님이 우리를 도와주기 위해 보내시는 다양한 형태의 사자들이다. 그들은 손님의 모습으로, 하나님의 음성으로, 때로는 보잘것없는 사람의 모습으로 곁에 다가와 가장 힘든 순간에 우리를 일으켜 세워주는 천사이다.

하나님은 또한 천사들을 보내 우리가 알지 못하는 사이에, 보이지 않는 곳에서 조용히 은혜와 기적과 용기를 심어주시기도 했다. 그날도 여느 때와 마찬가지로 나는 가게에서 일하는 중이었다. 그때 나는 남편의 사업과 교회당 건축 일로 돈을 마련하느라 죽도록 기도와 일에만 매달려 있을 때였다. 게다가 동업자였던 남편 친구는 보란 듯이 우리 가게 바로 옆에다 가게를 차려 신문 1면에 광고까지 내며 나를 놀리는 듯했다. 나는 몸과 마음이 고단하고 지쳐 겨우겨우 하루를 살아가는 실정이었다. 그날은 내가 한계에 달했는지 한참을 울었었다. 그런 내 모습을 보았는지 손님 한 분이 말씀하셨다.

"사모님, 요즘 많이 힘드시죠? 조금만 견디면 좋은 날이 올 겁니다. 그거 모르시죠? 이 식당과 자매님을 위해 열심히 기도하는 다섯 분이 계십니다. 잊으시면 안 됩니다."

나는 울어서 부은 눈을 안 보이려고 벽만 보며 대충 그러시냐고, 그냥 감사하다고 말씀드리고 지나쳤는데 나중에 다시 생각해 보니 미안하고 감사해서 진심으로 인사드리고 어떤 분들인지 알아보려 다시 손님이 계신 테이블로 갔다. 그러나 이미 그분은 돌아가고 없었다. 나는 또 오시겠지 하고 그 후로 오랫동안 기다렸지만, 그분을 다신 볼 수 없었다.

나는 그분의 얼굴을 떠올려 보았다. 그분 역시 LA에서 오셨다는 분처럼 얼굴이 인자했고 맑으셨다. 난 그분 역시 하나님께서 날 위해 보내주신 천사였음을 뒤늦게 깨닫고는 눈물을 흘렸다. 힘들어하는 날 위해 기도하는 하나님을 잊지 말라 용기를 주시고 가신 것이다.

하나님은 필요한 순간에 아주 직접적인 방법으로 천사를 보내주기도 하신다. 나는 사실 우리 아이들이 자라서 주님의 종이 되기를 바랬다. 그러나 아이들이 점점 세상으로 빠져나가는 걸 보며 나는 도무지 어떻게 해야 할지 몰랐다. 나의 모든 노력과 기도가 헛되게 느껴졌고, 마음이 너무 아팠다. 그럴수록 나는 더 간절하게 하나님 앞에 엎드렸다. 아이들이 나에게서 점점 멀어지는 것처럼 느껴질 때마다, 두 손을 꼭 잡고 기도했다.

'아버지, 이 아이들이 왜 이렇게 세상으로 흘러갑니까? 대학까지 보내고, 신앙을 가르치고, 주님을 알게 해주려고 했는데, 이 아이들이 왜 이렇게 멀리 떨어지나요? 제가 어떻게 해야 아이들을 바로 잡을 수 있을까요? 제발 절 도와주세요. 가르침을 주세요.'

내가 아이들을 위해 40일 철야기도를 시작했을 때 바로 그 천사가 오셨다. 철야기도를 마치고 집에서 쉬고 있던 어느 날 가게에서 전화가 왔다. 어떤 분이 나를 찾는다고 했다. 직원이 수화기를 넘겨주었고 낯선 목소리가 전화기 너머로 들려왔다. 그분은 나에 대해 많은 것을 알고 계셨는데 나는 아무리 생각해도 누군지 알 수가 없었다. 목소리도 처음 들었고 만난 적도 없었는데 나를 어찌 그렇게 잘 알고 있는지 놀라울 뿐이었다.

"저~ 손님, 제가 아무리 생각해 봐도 누구신지 모르겠어요. 죄송합니다."

"그럴 수 있지요. 괜찮습니다. 사모님은 절 모르실지 몰라도 저는 아주 잘 알고 있습니다. 만나서 말씀을 좀 나누면 어떨까요?"

그분은 만나서 얘기하자 했다. 나 역시 그분이 누군지 궁금하기도 해서 금요일 직장 예배가 끝나는 시간인 12시에 만나기로 했다.

금요일 12시가 되어 그분이 가게로 오셨다. 직접 얼굴을 보았지만 역시 처음 보는 얼굴이었다. 우리는 마주 앉아서 얘기를 나누었다. 그분은 자기 아들이 신학 공부를 하는데 취직을 하려고 직장을 알아보는 중이라고 했는데 어쩐지 그 말은 나를 만나기 위한 핑계처럼 들렸고, 다른 중요한 이야기가 있을 것 같다는 생각이 들었다. 그렇다고 그분이 사기꾼이거나 누굴 속일 것 같은 인상은 전혀 아니었다. 아니, 그와는 정반대로 인상이 너무나 온화하고 목소리도 부드러웠다. 나는 이분의 모습이 평범하지는 않아 목회자인가 싶어서 물었다.

"혹시 남편분이 목사님이신가요?"

"아니에요. 제가 말씀드리고 싶은 것은… 어제…"

그녀의 목소리는 차분했고 아주 천천히 말을 하기 시작했다. 그 음성은 마치 꿈결 같았다. 그리고 이어진 그녀의 말은 한 문장이었지만 나를 울리고야 말았다.

"어제께 꿈에 우리 목사님이 나타나셨는데 아이들 먼저 챙기래요. 그 말을 전해주러 왔어요."

그 말을 듣는 순간 주체할 수 없는 눈물이 끊임없이 흘러내렸고, 나는 하나님이 이분을 보내셨다는 걸 바로 알았다. 그분도 내 눈물의 의미를 이해한다는 듯 나를 달래주시고는 돌아가셨다. 그녀를 배웅하고 나는 사무실에 들어가 문을 걸어 잠그고 참았던 울음을 터트렸다.

'주님, 이 아이들은 제 자식이 아니에요. 주님께서 저에게 맡기신 자식들일 뿐입니다. 주님, 저는 도저히 감당할 수 없습니다. 이 아이들을 돌볼 힘이 저에겐 없어요. 주님, 이 아이들은 주님의 것이니 주님께서 직접 다스려 주세요. 저는 이제 할 수 있는 게 없습니다. 제 힘으로는 안 됩니다. 주님이 이 아이들을 이끌어주세요. 저는 포기하지 않겠습니다, 주님. 제발 이 아이들을 놓지 마세요.'

내게 천사를 보내어 아이들 먼저 챙기라고 말씀하신 것처럼 아이들을 위해 그렇게 기도하며 밤마다 눈물로 주님 앞에 엎드렸다. 그리고 얼마의 시간이 지나며 아이들은 하나씩 내 품으로 그리고 하나님의 품으로 돌아오기 시작했다.

    천사의 또 다른 모습은 고요한 기도의 시간 속에서 하나님의 음성으로 내게 온다. 그 음성은 처음엔 희미하게, 가끔은 선명하게 다가왔지만, 대부분은 안정감과 평화로운 마음을 주시는 방법으로 천사는 찾아왔다. 하나님의 음성은, 천사는 멀리 있는 것도 그리 거창한 것도 아니다. 천사는 내가 살아온 모든 시간 속에 있으며, 모든 순간 속에 있다. 단지 우리가 그것을 알아차리지 못할 뿐이다. 지금도 나는 기도하고, 질문하며, 하나님의 응답으로 하루하루를 살아가고 있다. 이보다 더 큰 복과 은혜가 어디 있으랴.

⑨ 하나님이 지켜주신 나의 가족, 나의 아이들

....

"아내들이여, 남편에게 순종하십시오. 이것이 주님을 따르는 사람에게 합당합니다. 남편들이여, 아내를 사랑하고 그들에게 함부로 대하지 마십시오. 자녀들이여, 모든 일에 부모님께 순종하십시오. 이것이 주님을 기쁘시게 합니다. 아버지들이여, 자녀들을 너무 심하게 대하지 마십시오. 그러면 그들이 낙심할 수 있습니다." (골로새서 3:18~21, 쉬운말 성경)

....

보통의 모든 가정이 그렇듯이 우리 가족 역시 살아온 수십 년의 세월 동안 사랑과 갈등, 기쁨과 슬픔이 교차하는 수많은 순간을 겪었다. 그 긴 여정 속에서 내 마음 깊은 곳에 각인된 하나의 말씀이 있다. 바로 골로새서 3:18~21의 구절이다.

"아내들이여, 남편에게 순종하십시오. 이것이 주 안에서 합당합니다. 남편들이여, 아내를 사랑하고 그들에게 거칠게 대하지 마십시오. 자녀들이여, 모든 일에 부모에게 순종하십시오. 이것이 주님을 기쁘시게 합니다. 아버지들이여, 자녀를 너무 심하게 대하지 마십시오. 그들이 낙심할 수 있습니다."

이 말씀은 우리 가정이 흔들릴 때마다 나를 붙잡아주는 견고한 기둥이었다.

결혼생활 초기에는 남편과 내가 각자의 의견을 앞세우며 부딪힌 순간이 많았다. 서로 다른 환경에서 자라온 두 사람이 한 지붕 아래에서 살아가며, 누가 옳고 그른지를 다투는 일이 얼마나 빈번했던지. 그럴 때면 나는 기도를 통해 이 말씀을 되새겼다. '주 안에서 합당한' 순종은 일방적 굴종이 아니라, 남편을 존중하고 그의 생각을 들어주는 태도를 의미한다는 것을 깨닫게 되었다. 동시에 남편 역시 이 말씀을 읽으며 아내를 함부로 대하지 않고 사랑으로 감싸야 한다는 책임을 기억하게 되었다.

그렇게 우리는 자주 의견 충돌이 생겨도, 잠시 숨을 고르고 서로를 이해하려고 노력했다. 말씀을 통해 서로의 입장을 공감하고 이해하려 애썼고, 덕분에 대화의 문이 다시금 열리곤 했다.

아이들을 키우는 과정에서도 이 말씀은 큰 도움이 되었다. 아이들이 사춘기에 접어들며 반항할 때면, "자녀들이여, 모든 일에 부모에게 순종하십시오"라는 구절을 가르쳤다. 그러나 동시에 "아버지들이여, 자녀를 너무 심하게 대하지 마십시오. 그들이 낙심할 수 있습니다"라는 구절을 떠올렸다.

즉, 아이들이 부모를 존중하고 따르는 것도 중요하지만, 부모인 우리가 아이들을 몰아붙이거나 과도한 기준을 들이밀어 그들의 마음을 상하게 해서는 안 된다는 뜻이었다. 나는 이 말씀을 마음에 새기고, 아이들이 실수할 때마다 기다려 주고, 대화하고, 그들의 관점에서 상황을 보려 노력했다. 물론 쉽진 않았다. 부모의 욕심으로 아이들을 힘들게 할 때가 더 많았던 것 같다. 그러나 하나님의 지침이 있고 그것을 따르려고 노력하고 기도하는 부모의 모습을 보며 아이들은 점차 마음을 열고, 우리가 가르치려는 가치와 믿음의 의미를 조금씩 이해하며 성장해 갔다.

지금 돌아보면, 우리가 가족으로 함께 살아온 이 긴 시간 동안이 말씀은 우리 가정의 지도指導와도 같았다. 부부간에는 존중과 배려를, 부모와 자녀 간에는 사랑과 인내를, 그리고 가족 전체에는 하나님 앞에서 합당한 태도를 유지하라는 신호등이었다. 이 말씀 덕분에 우리의 가족은 크고 작은 위기 속에서도 흔들리지 않고 서로에게 힘이 될 수 있었다.

이제 80을 바라보는 나이에 이르러, 나는 과거의 일들을 회상하며 감사한 마음으로 웃을 수 있다. 남편과 나는 서로를 아끼고 존중하며, 자녀들은 믿음 안에서 자라나 각자의 가정을 이루며 살아가고 있다. 이 모든 것이 하나님의 말씀을 삶에 적용하고, 그 말씀대로 순종하고자 했던 노력에서 비롯된 것이 아닐까 한다. 하나님의 말씀은 단순한 종교적 구호나 원리가 아니라, 우리가 일상 속에서 실천할 때 참된 기쁨과 평안을 가져다주는 생명의 길임을 다시금 깨닫게 된다.

남편은 결혼 전 했던 나와의 약속을 지켜주었다. 교회를 열심히 다니고 하나님을 섬기겠다는 말도, 나를 끝까지 사랑하며 살겠다는 약속도 모두 지켰다. 결혼 후, 남편은 약속대로 교회를 열심히 다니기 시작했다. 하지만 초반이라 그의 믿음이 들쑥날쑥했다. 시간이 지나며 남편은 일도 바쁘고 피곤하다며 종종 예배를 빠지곤 했다. 나는 그런 남편을 위해 하나님을 등지게 하지 말아 달라고 매일 기도하고 있었다.

'하나님, 집안의 가장이 믿음으로 바로 서야 이 가정이 복을 받고, 자녀들이 아버지의 복으로 인해 더 잘 될 것을 믿습니다. 남편 김유봉 성도가 믿음으로 바로 서서 온 가족을 신앙으로 이끄는 데 부족함이 없도록 도와주세요.'

그러던 어느 날, 나는 교회당에서 기도를 마치고 집에 돌아왔다. 남편은 나를 보자마자 무슨 일이 있던 건 아닌지 물었다. 그의 얼굴은 초조했고 불안해 보였다.

"여보, 당신이야말로 왜 그래요? 무슨 일 있어요?"

"아니, 무서운 꿈을 꿨어."

남편은 무서운 악몽을 꾸었다고 했다. 너무도 생생했던 악몽에 그는 깨어난 후에도 불안한 마음을 떨칠 수 없었다고 했다. 나에게 무슨 일이 났나 걱정하고 있었다고 했다. 그 시각 나는 교회당에서 기도하고 있었다고 했다.

"당신, 오늘 교회당에서 무슨 기도했어?"

나는 그 시간에 남편이 예수님을 잘 믿는 신앙인이 되게 해달라고 기도했다고 말했다. 남편은 그 말을 듣더니 마치 하나님께서 자신에게 경고를 주신 것 같다며 주일 예배만큼은 절대 빠지지 않겠다고 결심했다. 그때부터 그는 진심으로 교회당에 나가 예배를 드렸고, 그의 신앙이 조금씩 자라기 시작했다. 하나님께서 내 기도를 들어주신 것이다.

그 후 남편은 교회와 가정에서 늘 최선을 다했다. 곰탕 가게를 운영하며 바쁜 일상 속에서도 교회 일에 앞장서서 자신이 할 수 있는 최선의 노력을 하였다. 그런 남편을 교회에서도 인정해 주어 1981년 남편은 서리 집사로 임명을 받았다. 남편은 집사의 자격을 알아보기 위해 성경을 펼쳤다. 디모데전서 3장 8~13절에 나온 집사에 대한 구절은 그의 마음을 뜨겁게 했다고 한다.

"감독과 마찬가지로 집사도 사람들에게 존경받는 사람이어야 합니다. 한 입으로 두 말을 하지 않으며, 술 마시고 흥청대지 아니하고, 남을 속여 자신의 이익을 챙기는 사람이어서는 안 됩니다. 집사들은 깨끗한 양심과 믿음의 깊은 진리를 간직한 사람이어야 합니다. 이런 사람이라도 먼저 시험해 보고 책망할 일이 없으면 집사로 섬기게 하십시오. 이와 같이 여자들도 다른 이들의 존경을 받으며, 남의 흉을 보지 않고, 절제하며, 모든 일에 충성해야 합니다. 집사는 한 아내의 남편이 되어 자녀들과 자기 가정을 잘 다스려야 합니다. 집사의 직분을 잘 행한 사람은 영광스런 자리를 차지하고, 예수 그리스도에 대한 믿음도 더 확고히 서게 될 것입니다."

이 말씀을 읽고 남편은 하나님 앞에 부끄럽지 않은 집사가 되겠다고 결심했다. 서리 집사로 임명받은 후, 남편은 교회의 모든 일에 열심히 앞장을 서며 신앙을 키워갔다.

서리 집사를 임명받은 후 7년이 지난 1988년 남편은 42세의 나이에 교회에서 장로 후보로 이름이 거론되고 있었다. 이 소식을 들었을 때, 나는 장로로서는 남편의 나이가 너무 이르다고 생각했다. 우리 둘 다 적지 않은 부담을 느꼈다. 하지만 남편과 나는 이 일을 하나님께 맡기기로 했다.

그때 마침 여동생이 결혼하게 되어 바쁘게 움직이고 있던 터였다. 동생은 교회당에서 식을 올리게 되었고, 나는 동생을 위해 하얀 버진로드를 깔고 있었다. 카펫을 깔며 뒷걸음치다가 발뒤꿈치가 강대상 앞 계단에 닿게 되었다. 그 순간이었다. "김! 유! 봉!" 하고 남편의 이름 석 자가 또렷하게 들렸다. 나는 깜짝 놀라 주위를 둘러보았는데 아무도 없었다.

나는 음성이 들려온 강대상을 올려다보았다. 하나님이 남편을 선택하신 거라고 나는 느꼈다. 그 일이 있고 얼마 후 남편은 유일하게 장로로 선출이 되었다. 나는 이 일이 이미 하나님이 세우신 계획이라 생각했고, 그때 그 소리는 내게 남편이 장로로서 자격이 있음을 허락하신 하나님의 음성임을 다시 한번 깨달았다. 그리고 나도 권사로 임직하게 되었다.

임직 예배가 열리던 날, 나는 그 순간이 단순히 새로운 직분을 받는 것을 넘어, 우리 가정을 위한 하나님의 특별한 계획이라 생각했다. 장로로 임명된 후, 남편은 더욱 신중하고 열심히 교회를 섬겼다. 장로로서의 직분은 그의 신앙을 더욱 성숙하게 했고, 가족과 교회를 하나로 묶는 역할을 했다. 그는 교회 공동체를 이끄는 리더로서 모든 일을 모범적으로 해내기 위해 애썼다. 나는 그가 교회를 위해 헌신하는 모습을 지켜보며, 그의 믿음이 우리 가정의 신앙적 기초를 더욱 견고하게 만드는 것을 느꼈다.

 남편과 결혼한 후 첫째 딸과 둘째 아들, 그리고 막내딸, 3명의 자녀를 낳았다. 나는 하나님이 주신 아이들이라 너무나 소중하고 귀해 최선을 다해 키웠다. 나는 아이들을 위해 더욱더 하나님을 가까이했고, 열심히 기도하는 삶을 살았다. 처녀 때부터 시작한 성가대도 게을리하지 않았다. 아들을 낳은 후 우리는 뉴욕으로 이사해 새로운 삶을 시작했다.

 어느 추운 12월의 밤이었다. 이사한 후 교회와 거리가 더 멀어졌지만, 성가대 연습은 가야 했다. 하지만 갓난아기를 데리고 그 추운 밤에 멀리 가는 건 무리였다. 그렇다고 연습을 포기할 수는 없었기에 아기를 단단히 감싸고 내 외투 속에 아기를 넣어 전철을 탔다. 남편은 가지 말라고 했다.

 그래도 내가 계속 고집을 부리자 "아기가 감기라도 들면 어쩔 거야? 그땐 당신이 알아서 해!"라며 화가 나서 말했다. 남편이 하나님을 믿은 지 오래되지 않아서인지 나는 늘 마음 한구석이 불안했다. 혹시라도 시험에 들면 교회를 떠나버릴까봐 걱정됐다. 그날도 마음이 조마조마했지만 나는 아기를 두툼하게 감싸고 교회로 향했다. 애타는 엄마 마음도 모른 채 그날따라 아기는 계속 칭얼댔다. 추운 날씨에 혹여 병이라도 날까 마음이 조마조마했다.

'하나님, 제발 아기가 아프지 않게 해주세요. 감기 걸리면 큰일입니다.'

그렇게 마음속으로 계속 기도하면서도 불안은 떠나지 않았다. 성가대 연습 중에도 아기는 계속 울었고, 나는 점점 지쳐 갔다. 그때 갑자기 내 눈앞에 환상이 보였다. 예수님의 십자가, 그 발에 박힌 못, 그곳에서 흘러나오는 붉은 피가 눈앞에 생생하게 펼쳐졌다.

'하나님, 이 피를 왜 제게 보여주시는 건가요? 저는 이렇게 작은 문제로 아등바등하고 있는데, 주님께서는 저를 위해 이렇게 큰 고통을 당하셨군요.'

그 환상은 나에게 말없이 무언가를 전하고 있었다. 나는 눈물이 차오르고, 그 앞에서 한없이 작아진 나를 느끼며 더 열심히 찬양했다.

연습이 끝나고 밤 11시가 넘어서야 전철을 타고 집으로 향했지만, 환상에 보인 예수님의 피가 무엇을 말하는지 몰라서 내 발걸음을 더욱 무겁게 했다. 게다가 남편은 분명 고집을 피워 아기를 데리고 나온 내게 화가 나 있을 것이리라.

'아기 감기라도 걸리면 정말 큰일 날 텐데…'

이번 일로 남편이 나 때문에 교회를 멀리할까 더 두려웠다. 그날 밤은 참 길고 추웠다. 지하철도 제시간에 오지 않았다. 기다리는 시간이 길어졌고, 조바심은 점점 커져만 갔다. 겨우겨우 역에 도착했을 때는 이미 자정을 넘긴 시간이었고, 남편은 전철역 앞에서 몇 시간째 나를 기다리고 있었다. 남편은 내내 초조하게 시간을 보냈다고 했다.

처음엔 10시가 지나도 내가 오지 않으니 화가 나다가 11시가 넘어가면서부터는 화나기보다는 걱정이 더 컸다고 했다. '제발 돌아오기만 해라. 무사히 돌아오기만 한다면 뭐라고 하지 않겠다'라고 속으로 몇 번이나 되뇌었다고 했다. 마침내 내가 아기를 안고 역에 도착했을 때 남편의 얼굴엔 여러 감정이 교차하는 듯했다.

"세상에! 이렇게 추운 날씨에 아기를 데리고 돌아다니다니?"

그는 아기를 내 품에서 받아들고 점퍼 속으로 넣어 따뜻하게 감싸 안았다. 그리고 말없이 집으로 걸어갔다. 나도 조용히 따라 들어갔고, 그 순간 우리 둘 다 같은 기도를 하고 있었던 것 같다. 아기가 아프지 않기를, 무사히 건강을 지켜달라고.

그 후 며칠이 지나자 내가 두려워했던 일이 현실이 되었다. 크리스마스가 지난 12월 28일, 아기는 아주 아팠다. 숨조차 제대로 쉬지 못할 정도로 심한 감기몸살이었다. 나는 밤새도록 아기를 품에 안고 기도했다.

'하나님, 제발 이 아기를 살려주세요. 이렇게 어린 아기

가 무슨 죄가 있겠습니까? 건강을 주시거나, 아니면 이 고통이 빨리 지나가게 해주세요.'

아기의 뜨거운 이마에 손을 대며 나는 절박하게 기도하고 또 기도했다. 그러다 설핏 잠이 들었고 꿈을 꾸었다. 꿈속에서 나는 고요한 공간에 들어가 있었다. 어둠이 깔린 방 안에서 두 명의 여자가 소곤소곤 대화하고 있었다. 그들의 얼굴은 보이지 않았지만, 목소리는 또렷하게 들렸고 확신이 가득했다.

"예수님이 오신대요. 곧 오실 거예요."

마치 하늘에서 들려오는 듯한, 신비로운 속삭임이었다.

'예수님이 오신다고?'

나는 그 말을 듣고 온몸에 전율이 일었다. 사람들은 모두 어디론가 향하고 있었고, 나도 그들을 따라갔다. 복도를 지나니 신발들이 여기저기 널브러져 있었다. 복도에는 사람들로 가득 차 있었고, 그들의 얼굴은 흥분과 기대감으로 가득 차 있었다. 복도를 지나 마루에 다다르자, 큰 방의 문이 열려 있었다. 나는 그 안으로 들어갔다. 방 안은 환한 빛으로 가득 차 있었고, 사람들이 원을 이루어 서 있었다. 하지만 방 안에는 사람들로 꽉 차서 내가 들어갈 자리가 없었다. 나는 조심스럽게 팔을 뻗어 한쪽을 비켜달라고 부탁했다.

"조금만 비켜주세요."

사람들은 나에게 자리를 양보해 주었고, 나는 고개를 숙인 채 안으로 들어가려 할 때, 예수님이 오셨다는 말이 들렸다. 나는 그대로 문 앞에 서서 "주여!" 하고 외치며 무릎을 꿇었다. 그 순간 방 안의 모든 시선이 나에게 쏠렸다. 내 발 앞에 누군가가 서 있었고, 나는 이분이 예수님이란 확신이 들었다. 조용히 고개를 들어 그분을 바라보았다. 나는 그 한 순간에 모든 두려움이 사라지는 것을 느꼈다. 예수님은 나에게 다가오시며 손을 내리셨고, 손길이 내 머리를 감싸는 것을 느꼈다. 내 마음속 깊은 곳에서 평안이 흐르기 시작했다. 그리고 예수님이 나의 아들을 품에 안고, 그의 작은 머리 위에 손을 얹어 기도하기 시작했다. 그분의 따뜻한 손길이 아기의 머리를 감싸고, 그 눈빛은 사랑과 은혜로 가득 차 있었다. 예수님은 나의 아들을 조심스럽게 들어 올리셨다. 아기는 고요하게 잠이 들어 있었고, 그 모습은 마치 천사 같았다. 예수님은 아기를 부드럽게 쓰다듬으며 말씀하셨다.

"건강하게 자라라."

나는 감격에 겨워 눈물이 흘렀다. 내 아들이 예수님에게 안겨 있는 모습을 보니 세상의 모든 고통이 사라지는 듯했다. 마가복음 10장 16절의 말씀이 내 마음속에 깊이 새겨졌다.

"그 어린 아이들을 안고 그들을 위해 안수하시며 복하셨다."

예수님께서 내 아기를 축복해 주셨다는 그 확신은 나에게 큰 힘이 되었다. 이제 나는 아기가 어떠한 어려움에도 굳건히 서 있을 것이라는 믿음을 가지게 되었다. 주님의 사랑과 복이 항상 함께하리라는 것을 깊이 새기며, 나는 내 아들에게 주님의 은혜가 늘 함께하기를 기도했다. 꿈에서 깨어났을 때 아기의 열은 기적처럼 내려가 있었고, 숨소리가 차츰 고르게 돌아왔다. 아기는 더 울지 않고 평온하게 잠들어 있었다. 그날 이후 내 아들은 더 건강해졌고, 나는 그 밤의 기적을 잊지 않았다. 하나님께서 보내신 천사와 예수님의 손길이 우리 가족을 지켜주신 것이다.

아이 셋을 키우며 가게를 운영하는 일은 쉽지 않았다. 가게가 자리 잡기 전이라 금전적으로 여유도 없어 베이비시터를 둘 형편이 아니었다. 나는 어쩔 수 없이 아이들을 데리고 가게로 일하러 다녔다. 손님이 많을 땐 가게에 애들을 둘 수가 없어서 차에 잠시 앉혀두곤 했다. 그러던 어느 날 정신없이 일하는데 지나가던 사람이 애들이 차에서 울고 있다고 알려주었다. 놀란 나는 곧바로 차로 달려가 보니 딸은 차 안에서 울고 있었고, 아들은 장난을 치다가 카시트 줄에 발이 끼어서 울고 있었다. 두 아이가 엄마도 없는 차 안에서 목놓아 울고 있는 모습을 보니 가슴이 미어지게 아팠다. 얼마나 무서웠을까? 애들과 함께 나도 엉엉 울어버렸다.

'이 아이들을 내가 제대로 돌보고 있는 걸까?'

나는 울며 기도했다.

'주님, 이 아이들을 잘 키울 수 있도록 도와주세요. 주님

이 주신 소중한 자식들인데, 제가 잘할 수 있을까요?'

그렇게 기도한 후에도 마음은 여전히 무거웠다. 아이들에게 미안한 마음이 가득했다. 결국 나는 베이비시터를 고용하기로 했다. 가게 일로 바쁘니 믿고 맡길 누군가가 필요했다. 그래도 마음 한구석에서는 여전히 아이들을 내가 돌보지 못한다는 죄책감이 있었다. 어머니를 미국으로 초청해 아이들을 돌봐달라고 부탁했지만, 비자가 늦어져서 바로 들어올 수 없는 상황이었다. 그래서 급한 김에 시어머니를 모시게 되었다. 작은 가게에서 시작해 힘겹게 일해 이제야 큰 가게를 운영하게 되었고, 교회당 건축에도 돈이 많이 들어가는 상황이라 나는 가게를 2층, 3층으로 확장하고픈 마음이 들었다. 이제는 그 꿈을 이룰 때가 되었다고 생각했다. 하지만 큰 가게를 운영하려면 돈이 더 필요했기에 더욱 이 악물고 밤낮없이 일했다. 시어머니는 바쁜 나를 대신해 아이들도 돌봐주시고, 집안일도 많이 도와주셨지만 나는 마음이 편치 않았다. 일하느라 바빠서 시어머니를 챙겨드리지 못한 죄책감이 더 컸다.

때마침 친정어머니도 비자가 승인이 나서 우리를 돕기 위해 오셨다. 나는 아이들을 돌봐주며 힘들어도 내색 한 번 없는 양쪽 어머니들과 형제들이 너무나 감사했다. 하나님의 보호와 우리 가족들의 도움으로 나와 우리 가정, 그리고 사업이 더 튼튼하게 성장할 수 있었다.

한참 가게 일에 바쁘던 어느 날, 어머니가 기도원에 가신 다길래 나도 같이 기도원에 가서 2층 영업을 하게 해달라고 간절히 기도했다. 남의 빌딩에서 일하고 있었기에 2층을 사용할 수 있게 되면 가게를 더 확장할 수 있을 것 같았다.

'하나님, 저희가 2층도 사용할 수 있게 해주세요. 제발 저희에게 기회를 주세요.'

이렇게 간절히 기도하던 중 하나님께서 응답을 주셨다. 그런데 그 응답이 조금 당황스러웠다. "한복을 입고 예쁘게 안내하라"라고 하신 것이다. 나는 그 말씀을 듣고 한참을 생각했다. '바쁘게 뛰어다니느라 한복 입을 시간이 어디 있지?'라고 생각했지만, 하나님의 말씀이라 한복을 입고 일해 보려 했지만 일하는 데 거추장스러워 결국 포기하고 말았다.

대신 지배인도 두고 일할 사람들을 더 고용했다. 일을 줄이고 아이들에게 더 신경을 쓰려고 했지만, 손님이 너무 많아서 여전히 쉬는 시간 없이 일해야 했다. 우리 가게도 LA에서 오신 분의 말씀대로 숯불갈비를 추가하면서 손님들로 더욱 북적거렸고, 가게는 날마다 꽉 찼다. 예전 동업자가 하는 가게도 숯불갈비로 유명해져, 맛있는 두 식당이 나란히 위치해 이 지역을 찾는 손님들이 더 늘어났고, 그 효과로 우리 가게도 전보다 더 바빠졌다.

남편과 나는 이 물살을 놓치지 않고 3층까지 확장하기로 했다. 6층짜리 건물에서 3개 층을 사용하게 되니 건물주는 아예 건물 관리까지 맡겼다. 나머지 3개 층을 잘 관리하여 월세를 잘 받으면 우리 월세가 차감되고, 반대로 공실이 생기면 우리가 그 선실분을 메꿔야 하는 구조라 남편은 세를 받을 때 아무나 받지 않고 양질의 가게만 골라서 받았다.

건물도 잘 유지 보수하여 항상 깨끗하게 관리하였다. 빌딩을 통째로 관리하면서 모든 수리를 우리가 맡았다. 수리를 끝낸 후 세입자도 모집하고, 가게는 더욱 번창했다. 예전에는 수리가 필요한 곳이 많아 세입자가 없었지만, 우리가 빌딩을 관리한 이후로는 상황이 완전히 달라졌다. 주님의 인도하심 덕분에 우리는 빌딩을 수리하고 세입자도 모집하며 가게를 더 키울 수 있었다. 옛날 같았으면 상상도 못할 일이었지만, 하나님의 은혜로 모든 것이 가능해졌다.

'주님, 이 모든 것이 다 주님의 은혜입니다. 저희 가정과 가게를 이렇게 인도해 주셔서 감사합니다.'

몇 년 후 뉴욕 맨하탄 중심가의 이 6층 건물은 우리 소유가 되었다. 나는 이 일들이 결코 우연히 얻어진 일이 아님을 안다. 모든 것은 하나님의 계획이었으며, 의심하지 않고 온 마음을 다해 하나님을 믿고 따른 우리 가족에게 주는 아낌없는 보상임을 알 수 있었다. 3층을 열게 되었을 때는 정말로 하나님의 응답이 이루어지는 것 같았다. 이 모든 것이 하나님께서 주신 복임을 느끼며 매일매일을 감사하지 않을 수 없었다.

언니와 몇 년을 함께 살다가 아이들이 커가면서 집을 장만해 따로 나와 살기 시작했다. 어머니도 모셔와 아이들을 봐주시면서 가정도 안정을 찾아갔다. 아이들은 어느덧 초등학교에 입학하게 되었고, 가게 일이 바쁜 와중에도 아이들을 맞이하는 일이 내겐 큰 책임이었다. 식당에서 점심 타임이 끝나면 곧장 집으로 와서 아이들을 맞이했다.

현관에서 "떵동!" 벨이 울리면 문을 열어주고, 뽀뽀해 주며 아이들과 시간을 보냈다. 아이들이 "엄마!" 하고 달려들어 나를 껴안으면 모든 피곤함이 사라지곤 했다. 나는 아이들을 두 팔로 온몸을 감싸 안았다. 때로는 아이들의 무게에 밀려 그대로 넘어지기도 했다. 그러면 아이들은 내 위에 올라타서 깔깔 웃었다. 돌아보면 한없이 행복했던 내 인생에 다시 오지 않을 소중한 시간이었다.

그러나 아이들이 오기 전에 잠시 쉬려고 누웠다가 그만 깊이 잠들어 버리는 일이 점점 많아졌다. 어느 날 딸이 학교에서 선생님에게 "엄마는 집에서 뭐하니?"라는 질문을 받았다고 한다. 딸은 "우리 엄마는 잠만 자요"라고 대답했다는 것이다. 그 이야기를 듣고 가슴이 철렁했다. 너무나 미안해서 이래선 안 되겠구나 싶었다. 그래서 그 후로는 아무리 피곤해도 아이들을 맞이할 때는 깨어 있으려고 애썼다.

하루는 아들이 학교 다녀오자마자 아빠에게 물었다.

"아빠! 우리 부자 아니야? 부자야?"

남편은 아이의 갑작스러운 질문에 어리둥절했고, 나 또한 그 질문의 뜻을 이해하기 어려웠다. 남편은 곤란한 얼굴로 아들에게 물었다.

"왜? 누가 뭐라고 해? 갑자기 그건 왜 물어?"

"친구가 그러는데 우리 동네는 부자 동네인데 넌 왜 옷이랑 신발이랑 다 싸구려고 낡았냐고 그랬어."

난 순간 말문이 막혔다. 그도 그럴 것이 우리가 사는 동네는 한인들이 모여 사는 부촌이었다. 그래서인지 이웃이나 지인들은 항상 좋은 차를 타고 다녔고, 아이들 옷이나 신발, 가방 등 들고 다니는 물건들도 다 고급이었다. 그에 비해 우리 아이들은 입성이나 모든 것이 초라해 보였던 것 같았다. 그때 나는 교회당 부지 대금을 갚느라 모든 지출을 줄이고 있을 때라 아이들에게 돈을 쓸 수도 없었지만, 사실 거기까지 신경을 쓸 정신적인 여유가 없었다. 아이의 질문이 맘 시리게 아팠지만 난 막힘없이 대답했다.

"그럼! 우리 부자지, 엄청 부자야. 넌 하나님의 아들이고 하나님이 이 세상을 지으셨으니 이 세상은 다 네 것이나 마찬가지지."

"와~ 진짜? 우리 완전 부자구나!"

아들은 신이 나서 대답했고 의기양양하게 방으로 들어갔다. 남편과 나는 그런 아이의 모습이 귀엽기도 하고 기특했다. 내 말은 틀지지 않았다. 우린 모두 하나님의 자녀이고, 이 세상은 우리의 것이니까 말이다.

이렇게 하루하루를 보내면서 우리 부부는 하나님의 인도하심에 따라서 가게도 확장하고, 아이들도 키워나갔다. 주님께서는 언제나 우리 가정을 돌봐주셨고, 가게를 통해 우리의 삶에 복을 허락하셨다.

아이들이 커가고 사춘기가 되면서 여러 가지 일들이 많이 생기기 시작했다. 아이들은 미국에서 태어난 2세이고, 우리 부부는 한국에서 자라난 세대이기 때문에 세대 차이와 문화 차이로 소통의 문제가 늘 있었다. 게다가 우리는 독실한 크리스찬이라 아이들은 보통의 또래보다 지켜야 할 규율과 제약들이 많았을 것이다. 나 역시 그러한 사실들을 다 알고 있기에 아이들과 대화를 많이 하려고 노력했다. 그리고 기도는 우리 가정의 불문율이었다.

아들은 같은 또래에 비해 키도 크고, 덩치도 커서 항상 눈에 띄었다. 사춘기가 되면서 반항심도 생겼는지 안 좋은 무리와 어울리기 시작했고, 난 아이가 제자리로 돌아오게 해달라고 끊임없이 기도했다. 그러던 어느 날이었다. 아들이 집에 와서 아빠에게 말했다.

"아빠! 아빠 엄청 유명해. 알고 있었어요?"

"그게 무슨 뚱딴지 같은 소리야?"

남편은 어이없다는 듯이 물었다.

"아니 그게…"

아들은 뭔가 켕기는지 말을 하려다 말았다. 남편은 도대체 뭔 이야기인가 싶어 사실대로 말하라고 아이를 타일렀다.

"아니… 내가 친구랑 어디를 갔는데…"

"어디?"

"아, 그게 내가 덩치도 있고 그래서 조직에 있는 친구가 나 소개해 준다고 데려갔거든."

"뭐! 조직?"

남편은 소스라치게 놀라며 물었다.

"그래서?"

"아빠 땜에 쫓겨났어."

"왜? 아빠가 뭘 했길래?"

"아니, 거기 가서 보스 비슷한 사람을 만나서 인사하는데 아버지는 뭐하는 사람이냐고 묻더라구. 그래서 맨하탄에서 국밥집 한다고 했지."

"그랬더니?"

남편은 일단 쫓겨났다는 말에 안심이 되었는지 한결 누그러진 목소리로 물었다.

"그랬더니 '아버지 성함이 뭐야?' 하길래 김유봉이라 했지. 그랬더니 깜짝 놀라며 나한테 앞으로 이런 데 발 들여놓으면 혼날 줄 알라고 당장 나가라 하셨어. 그리고 날 데려간 친구도 같이 쫓겨났어. 그분이 엄마랑 아빠가 얼마나 훌륭한 분인지 아냐며 혼내셨어."

나와 남편은 아들의 말을 들으며 그 보스가 누군지 모르지만 너무나 감사했고, 다행히 그런 사람을 만나 아이가 잘 돌아왔다는 사실에 가슴을 쓸어내렸다. 그동안 우리가 헛살지 않았구나 하는 마음이 들었다. 남편은 이게 다 하나님이 아이들을 지켜주신 거라고, 내가 끊임없이 아이들을 위해 기도한 덕분이라며 나에게 고맙다고 했다.

아들은 그 후에도 쉽게 마음을 잡지 못했다. 그래도 시간은 흘러 보스턴에 있는 대학에 들어갔다. 성인이 되어도 아들은 교회로 돌아올 생각이 없어 보였다. 나는 아들을 위해 다시 철야기도를 시작했다. 기도를 한창 이어가던 어느 날 플로리다에 있는 박 모세 목사님의 아들이 신학 공부를 한다는 소식을 들었다. 나는 아들을 그곳으로 보내고 싶었다. 그렇게라도 해서 아들을 하나님의 품에서 살게 하고 싶었다. 나는 아들이 주말에 집에 오자마자 물었다.

"이번에 박 모세 목사님 아들이랑 함께 신학 공부를 했으면 좋겠는데 어떻게 생각하니?"

하지만 아들은 눈을 피하며 말했다.

"엄마, 나 월요일에 군대 가야 해. 신학 공부는 못할 것 같아."

그 말을 듣는 순간, 내 가슴은 찢어질 듯 아팠다. 기도가 헛된 것 같았고, 내가 그토록 애타게 드린 간구가 멀어진 것처럼 느껴졌다. 그럼에도 나는 간절하게 주님께 외쳤다.

'아버지, 이 아이를 놓지 마세요. 군대에 가더라도 이 아이를 향한 아버지의 부르심은 여전할 겁니다. 제가 보지 못하는 동안에도 주님께서 이 아이와 함께해 주세요. 주님이 부르셨으니 반드시 이 아이를 다시 돌려주세요. 주님, 저는 이제 할 수 있는 것이 없습니다. 하지만 주님께서 하실 수 있습니다. 제가 이 아이를 사랑하는 것보다 더 크신 주님의 사랑이 이 아이를 이끌어주실 줄 믿습니다.'

그렇게 나는 긴 시간을 아들을 다시 주님의 손에 맡기며 울었다. 아이들을 위한 나의 기도는 하루도 멈추지 않았다.

오랫동안 우리 부부는 자식들을 위해, 특히 우리 아들을 놓고 기도했지만, 아들은 여전히 그 자리에 없었다. 그러나 다행히 딸은 서서히 신앙으로 돌아왔다. 결국, 하나님께서 선택하신 건 내 아들이 아니라 막내딸이었다. 딸은 여행 중에 한 기도원을 찾았다. 친구들과 함께 새벽 기도에 참석했을 때였다. 기도의 시간은 늘 그랬듯 고요하고 평온하게 흘러가는 듯했지만, 그 순간 딸의 귀에 낮고도 분명한 음성이 들려왔다.

"선교사가 돼라."

처음 그 음성을 들었을 때 딸은 깜짝 놀라 온몸이 얼어붙은 것처럼 느껴졌다.

'선교사라니? 나는 그런 길을 원한 적이 없는데…'

당황한 딸은 강하게 부정하며 급히 기도원을 빠져나왔다. 두려움과 혼란 속에서 그녀는 자신이 들은 음성이 진짜였는지 의심하며 그 상황을 외면하고 싶었다. 그러나 저녁 예배 시간, 다시 그 음성이 들려왔다.

"선교사가 돼라."

이번에는 더욱 또렷하고 강하게, 마치 하나님이 그녀의 마음 깊은 곳을 두드리는 것처럼 느껴졌다. 두 번이나 들은 음성에 그녀는 혼란에 휩싸였다. 거부하려고 애썼지만, 이미 마음속에서 그 음성은 깊이 뿌리내리고 있었다.

'왜 나일까? 왜 나를 부르시는 걸까?'

수많은 생각이 머릿속을 스쳐 지나갔지만, 그 답을 찾을 수 없었다. 딸은 가만히 자신을 돌아보며 마음속의 무게를 느꼈다. 마침내 세 번째로 들려온 음성은 딸의 모든 저항을 무너뜨렸다.

"선교사가 돼라."

이번에는 더 이상 피할 수 없음을 직감했다. 그 순간 그녀의 마음속 깊은 곳에서 무언가가 움직였고, 온전히 하나님의 뜻을 받아들이게 되었다. 딸은 두 손을 모아 조용히 답했다.

"예스."

그 한마디를 내뱉는 순간, 마치 하나님께서 준비해 놓으신 길이 눈앞에 활짝 열리는 것 같았다. 딸은 그제야 알았다. 하나님께서 오래전부터 자신을 이 길로 이끌고 계셨다는 것을 말이다. 마음속 깊은 평안과 함께 그녀는 순종의 길을 가기로 했다. 유럽에서 돌아온 딸은 그때부터 신학 공부를 시작했고, 4년간 학업을 마치고 선교사의 길을 걷게 되었다.

딸은 선교 사업이 끝날 때쯤 백인 남자와 사랑에 빠져 결혼하겠다고 했다. 나는 아이들이 성장하고 결혼할 나이가 되었을 때 자식들의 결혼 상대에 대해서도 하나님께 부탁드리곤 했다.

'아버지, 며느리도 한국 사람, 사위도 한국 사람이면 좋겠습니다. 그런데 막내 하나는 외국 사람도 괜찮지 않나요?'

교회당을 지으면서 보니 동양인들이 미국에서 무언가를 하려면 허가를 받는 과정이 참 번거롭고, 서양인들보다는 몇 배로 힘들다는 걸 알게 되었다. 그래서 아버지께 기도했었다.

'미국 사람 사위 하나 주시면 좋겠어요. 그가 우리와 함께 하나님의 일을 도와줄 수 있잖아요? 아버지, 좋은 사람을 보내주세요.'

그 기도를 두세 번 정도 올렸던 것 같다. 그런데 놀랍게도 내 막내딸이 결혼하고 싶다며 소개한 이가 바로 백인 미국 사람이었다. 처음 딸이 미국 남자를 데려와 결혼하겠다고 했을 때 나는 반대했다. 지금 생각하면 왜 그랬는지 모르겠는데 미국에 살면서도 막상 아이가 외국인과 결혼한다니 낯설었던 게 아닐까 싶다. 엄마의 이유도 모를 완강한 반대에 속이 상한 딸은 차 안에서 혼자 울고 있었다. 나는 딸아이의 눈물에 마음이 약해졌다.

"그 남자가 그렇게 좋으니?"

"네, 엄마."

딸은 눈물을 글썽이며 대답했다.

"결혼하고 싶어?"

딸은 말없이 고개를 끄덕였다.

"그러면 해라. 네가 좋다는데 엄마가 말린다고 될 일이 아니지 않니?"

"정말 결혼해도 돼?"

"그래, 네가 하고 싶은 대로 해라."

나는 미소 지으며 말했다. 나중에 알고 보니 그 남자의 이름이 '아담'이었다. 성경에 나오는 아담과 하와처럼, 왠지 이 결혼이 하나님의 뜻임을 느낄 수 있었다. 그때야 마음이 조금 놓였다. 사실 그동안 내가 했던 기도는 까맣게 잊고 있었다. 그런데 결혼 준비를 하고, 그 남자의 가족을 알게 되면서 보니 그 집안도 예수님을 믿는 신앙 가정이었다. 하나님께서 보내주신 사람이라는 것을 그제야 깨달았다.

막내딸은 그와 결혼했고, 지금은 아이 셋을 낳고 살고 있다. 사위는 미국에서 살기보다 한국에서 살고 싶어 했다. 총각 때도 이미 한국을 두 번이나 다녀갔고, 한국 여자와 결혼해 한국에서 살아가는 것이 그의 꿈이었다. 그렇게 그들은 한국에 정착하게 되었고, 하나님께서 내 기도에 정확히 응답해 주신 것을 새삼 느끼게 되었다.

아들의 일이다. 나의 바람만큼 하나님을 가까이하지 않는 아들에게 나는 많은 실망을 하고 있었다. 하루는 시간이 좀 남아서 2층에 올라가 뭘 하다가 내려왔는데, 아들의 차 소리가 들렸다. 나는 얼른 아래층으로 내려가 아들을 맞았다. 아들이 들어오더니 갑자기 성질을 부리며 말했다.

"엄마, 나 엄마 때문에 아무것도 못해."

나는 무슨 일이냐고 물었지만, 아들은 화가 난 듯 씽하고 2층으로 올라가 버렸다. 다음날 언니네 집에 가는 길에 아들에게 물었다.

"너 어제 왜 그렇게 화를 냈니?"

그랬더니 아들이 한숨을 쉬며 대답했다.

"엄마, 참 이상해. 엄마가 기도해서 그런지 뭐가 자꾸 보이더라."

나는 의아해서 더 물었다.

"뭐가 보였는데?"

그러자 아들은 머뭇거리며 말했다.

"애들하고 나이트클럽에 갔는데, 거기서 엄마가 자꾸 보이는 거야. 다들 맥주 마시면서 춤추고 즐기는데, 나 혼자만 엄마가 기도하고 있다는 생각에 아무것도 못하겠더라고. 애들이 자꾸 날 끌고 가서 춤추라고 했지만, 나는 마음이 안 놓였어. 그러다가 겨우 춤을 추기 시작했는데, 춤추는 사람들 속에서 엄마가 나랑 같이 춤을 추고 있는 거야."

아들의 말에 나는 놀라 물었다.

"그래서 어떻게 했는데?"

아들이 대답했다.

"엄마가 춤추지 말라는 것처럼 보였어. 그런데 눈을 다시 비비고 봤더니 아무도 없더라고. 한참 있다가 다시 춤추려고 하니까 또 엄마가 보였어. 엄마가 다시 춤을 추면서 날 쳐다보고 있었지. 그게 너무 생생해서 더 이상은 안 되겠더라구. 그때부터 나는 클럽에 안 가기로 했어."

그 말을 듣고 나는 미소 지으며 말했다.

"봐라, 엄마가 기도하는 사람 아니냐? 기도하는 엄마를 놔두고 네가 그런 곳에 가면 하나님께서 당연히 너를 붙잡으실 수밖에 없지. 그건 네가 그곳에 가면 안 된다는 경고야. 그러니까 다시는 그런 곳에 가지 마라."

아들은 한숨을 푹 내쉬며 고개를 끄덕였고, 그때부터 조금씩 변해가기 시작했다. 나는 하나님께서 우리 아이들을 붙잡아주셔서, 신앙 안에서 성장하는 모습을 지켜볼 수 있었다. 하나님 덕분에 지금 아이들과 손자 손녀 모두 신앙생활을 잘하고 있다.

방황하던 아들이 완전히 하나님께 돌아온 계기가 있었다. 어느 날 아들은 평소처럼 차를 몰고 가고 있었다. 도로 위는 한적했고, 주위는 라디오에서 흘러나오는 소리뿐이었다. 그런데 갑자기 어디선가 낮고도 분명한 음성이 들려왔다.

"민수야."

처음엔 깜짝 놀라며 자신이 잘못 들었나 싶었다. 고개를 돌려보아도 차 안에는 아무도 없었다. 그냥 자신이 피곤해서 헛소리를 들은 것이라고 생각하며 운전을 계속했다. 그러나 얼마 지나지 않아 똑같은 음성이 다시 들려왔다.

"민수야."

그 음성은 더 이상 무시할 수 없을 정도로 또렷하고 강렬했다. 순간 아들의 마음이 급격히 조여오는 것 같았다. 불안함이 온몸을 감싸기 시작했다. 그럼에도 아들은 애써 마음을 진정시키며 계속 운전하려 했다. 하지만 불길한 예감이 가시지 않았다. 그러다 마침내 세 번째 음성이 더 깊고 강하게 들렸다.

"민수야."

이번엔 피할 수 없었다. 그 음성은 마치 아들의 영혼을 꿰뚫는 듯 아들이 오랫동안 애써 외면해왔던 마음속 깊은 곳을 흔들어 깨웠다. 그 순간 아들은 더 이상 자신의 감정을 억누를 수 없었다고 했다. 마음속 깊이 쌓여 있던 모든 감정이 한꺼번에 터져 나오며 눈물이 쏟아지기 시작했다.

아들은 급히 차를 길가에 세웠다. 운전을 할 수 없을 만큼 온몸이 떨리고 있었다. 핸들에 얼굴을 묻고 엉엉 울기 시작했다. 오랜 시간 동안 자신이 쌓아온 자존심과 두려움이 그 눈물 속에서 모두 녹아내렸다. 아들은 주님 앞에 모든 것을 내려놓았다.

'주님, 이제야 알겠습니다. 이제야 제가 주님의 부르심을 깨닫습니다.'

그 순간 아들은 하나님께서 자신을 부르고 계신다는 것을 분명히 느꼈다. 주님의 뜻을 거스를 수 없다는 것을 깨달았고, 그 부르심에 순종할 수밖에 없었다. 그날 아들은 길 위에서 하나님의 음성에 깊이 순종했다. 마음속에 깊은 평안이 찾아왔고, 아들은 주님께 모든 것을 맡기기로 했다.

그날 이후 아들은 신앙생활이 눈에 띄게 좋아졌다. 하나님께서 직접 자신의 이름을 부르시며 이끌고 계신다는 확신이 아들을 완전히 변화시킨 것이다. 하나님의 음성을 듣고 변화된 아들의 모습을 보며 나는 성령의 역사하심이 얼마나 강력하고 신실한지를 다시 한번 느낄 수 있었다.

그리고 또 깨달았다. 아무리 내 신앙이 강해도 자식들은 내 뜻대로 되는 것이 아니고 하나님께서 역사하실 때 변화된다는 것을 알았다. 하나님께서는 각자에게 맞는 길을 예비해 두셨고, 그분의 섭리는 내가 생각했던 것보다 더 크고 깊었다.

강대상의 꽃으로
피어난 나의 손가락

・・・・・・・・・・・・

"하나님은 불의하지 않으십니다. 여러분이 그분의 이름을 위해 보여준 사랑과 섬김, 그리고 지금도 성도들을 섬기고 있는 것을 잊지 않으실 것입니다." (히브리서 6:10, 쉬운말 성경)

・・・・・・・・・・・・

교회당을 짓고 13년이 흘렀다. 그동안 가게 일과 교회당 건축을 하면서도 매주 철야기도를 빠지지 않고 다녔다. 처음엔 건축을 위해 기도했지만, 이제는 교회당도 다 지었고, 기도의 내용도 조금씩 바뀌고 있었다. 그날도 평소처럼 금요일 밤 철야기도를 드렸다. 그러나 마음 한편에는 이제 철야기도도 그만두고 몸을 쉬어야 하지 않나 하는 생각이 들었다.

철야기도가 끝난 후 나는 깊은 잠에 빠졌다. 그날 밤 꿈속에서 나는 교회당 강단 앞에 서 있었다. 그곳은 내가 이전에 본 어떤 풍경보다도 더 경이롭고 신비로웠다. 눈앞에 펼쳐진 광경은 형용할 수 없는 아름다움으로 가득했다. 강대상을 덮고 있는 꽃들이 시선을 사로잡았다. 그 꽃들은 세상의 그 어떤 것과도 비교할 수 없을 만큼 아름답고 찬란했다. 색은 생동감 있게 빛나고, 그 잎들은 투명할 만큼 순수한 빛을 띠고 있었다. 마치 하나님의 손길이 직접 닿은 듯한, 천국에서나 볼 법한 꽃들이었다. 그래서인지 나도 모르게 그 꽃들에 이끌려 손을 내밀었다. 부드러운 꽃잎을 손끝으로 쓰다듬으며 감탄을 금치 못했다.

'어쩜 이렇게 아름답니? 세상에 이런 꽃이 또 있을까? 너희만큼 아름다운 꽃을 본 적이 없구나.'

그 꽃들은 마치 살아있는 것처럼 반짝였고, 나를 환하게 비추는 듯했다. 그 순간, 내 뒤에서 조용하지만 깊은 울림을 가진 목소리가 들려왔다. 그 목소리는 너무도 따뜻하고, 동시에 거룩했다. 나의 영혼 깊숙이 스며드는, 익숙하면서도 경외감을 주는 음성이었다.

'그 꽃들은 내게 바친 너의 손가락이다.'

순간 온몸이 얼어붙은 것처럼 멈춰 섰다. 목소리의 주인이 누구인지 고개를 돌리지 않아도 알 수 있었다. 하나님의 음성이었다. 나는 천천히 내 손을 내려다보았다. 마디만 남은 잘린 손가락 그 자리에서 그토록 찬란한 꽃들이 솟아오르고 있었다.

'하나님 아버지가 제 손가락들을 기억하고 계실 줄은 몰랐어요. 제가 이런 복을 받을 자격이 있을까요?'

그분의 음성이 다시 울렸다.

'네가 나를 위해 교회당을 지었으니, 내가 어찌 너를 잊을 수 있겠느냐? 네 손가락은 천국의 꽃이다. 너의 손길을 통해 이 땅에 또 하나의 나의 집이 세워졌고, 그동안의 너의 헌신을 내가 어찌 모르겠느냐.'

그 말씀에 내가 겪은 모든 고통과 어려움이 한순간에 사라지는 듯했다. 눈앞에 보이는 꽃은 내 손을 통해 피어난 헌신의 상징이었고, 그것을 하나님께서 알아주신다는 사실에 말로 다 할 수 없는 감격이 밀려왔다.

나는 눈물 속에서 감사의 기도를 드렸다.

'아버지, 감사합니다. 교회당을 짓는 동안 수많은 어려움이 있었지만, 그 모든 것이 주님을 위한 일이었음을 믿고 견

딜 수 있었습니다. 그 헌신을 주님께서 알아주셨으니, 제겐 더 바랄 것이 없습니다.'

내 마음은 더없이 평온해졌다. 비록 현실에서는 몸이 지치고 힘든 상황이었지만, 하나님께서 내 헌신을 보시고 인정해 주셨다는 사실이 내게 더 큰 위로와 힘이 되었다. 나는 그 자리에서 주저앉아 흐느꼈다. 내가 겪은 아픔과 희생이 이토록 찬란한 생명으로 피어났다는 사실이 믿을 수가 없었다. 하나님께서는 나의 약함과 아픔을 그분의 사랑으로 드러내셨다. 이제 나는 하나님께서 나의 삶을 어떻게 사용하시는지 더 이상 두려워하지 않는다. 나의 상처조차도 하나님의 손 안에선 복이 될 수 있음을 깨달은 것이다. 우리는 우리의 약함을 볼 뿐이지만, 하나님께서는 그 약함 속에서 새로운 생명을 피워내신다. 그리고 우리를 더 높은 곳으로 이끄신다.

히브리서 6:10의 "하나님은 불의하지 아니하사 너희의 행위와 그 이름을 위하여 나타낸 사랑의 수고를 잊지 아니하시리니." 이 말씀은 하나님께서 우리의 헌신과 수고를 결코 잊지 않으신다는 약속을 담고 있다. 이 구절을 읽을 때마다 나는 하나님이 얼마나 공정하시고 신실하신 분인지 다시금 깨닫게 된다. 세상에서는 많은 경우 우리의 노력이 간과되거나 보상받지 못하는 일이 잦다. 하지만 하나님께서는 결코 그렇지 않다. 우리가 하나님을 위해 행하는 모든 수고와 희생은 그분의 기억 속에 새겨져 있으며, 이는 우리에게 큰 위로가 된다.

예를 들어, 교회에서 봉사하며 보낸 시간이나 어려운 이웃을 도우려 애썼던 순간들, 때로는 그 과정이 힘들고 벅찰 때도 있지만 그런 모든 순간이 하나님께는 소중한 헌신으로 여겨진다는 사실을 아는 것만으로도 마음이 가벼워질 것이다. 나의 작은 수고와 사랑이 하나님의 계획 속에서 큰 의미가 있다는 것을 알 때 그 힘이 더욱 커진다.

또한, 세상에서의 불공정함과 불의가 가득한 상황 속에서도 하나님은 우리의 노력과 사랑을 잊지 않으시고 반드시 기억하신다. 그분의 의로운 성품은 변함이 없으며, 이러한 하나님의 사랑은 우리의 헌신에 대한 보상이기도 하며, 더 나아가 그 사랑이 우리를 통해 다른 이들에게 전달되기를 바라는 마음을 갖게 한다. 그러므로 나는 앞으로도 더욱 겸손하게 헌신하며, 그 헌신이 하나님께 기쁨이 되기를 바라는 마음으로 삶을 살아가고 싶다. 이 세상의 모든 고난과 어려움 속에서도 하나님께서는 우리의 노력을 결코 무의미하게 만들지 않으신다는 것을 기억하며 나아가고 싶다. 하나님께서 우리와 함께하시고, 우리의 헌신을 기억하시며, 우리를 통해 이루실 일들이 세상에 나올 때를 기다리고 있다.

언제나 내 편이신 나의 하나님

(11)

"두려워하지 마라. 내가 너와 함께 있다. 놀라지 마라. 나는 네 하나님이다. 내가 너를 강하게 하고, 너를 도와주며, 나의 의로운 오른손으로 너를 붙들어주겠다."(이사야 41:10, 쉬운 말 성경)

교회당 건축이 끝난 후 몇 달이 지났을 때였다. 곰탕집은 여전히 바빴지만, 마음 한구석에는 무거운 짐이 늘 있었다. 교회당을 짓기 위해 쏟아부은 모든 자금은 빚이 되어 우리의 삶에 큰 부담이 되고 있었다. 그럼에도 불구하고 나는 하나님께서 우리의 길을 인도하신다는 믿음을 잃지 않고 묵묵하게 일하고 있었다. 어느 날 빌딩의 주인 중 한 명인 이탈리아 남자가 가게를 찾아왔다. 그가 조용히 말을 꺼냈다.

"미스터 킴, 이 빌딩 사는 건 어때요? 내가 갚아야 할 빚이 있는데 그 채권자가 동의하면 제 지분을 미스터 킴이 샀으면 하는데. 식당도 잘 되고 그동안 빌딩 세 주고 관리도 잘해와서 어렵지 않을 거예요."

미국 맨하탄에 빌딩이라! 거리를 걸으며 높은 빌딩을 보며 꿈으로만 꾸어왔던 내 건물! 하지만 돈이 한 푼도 없는 상황에서 빌딩을 사겠다는 생각을 어떻게 할 수 있단 말인가? 그러나 남편의 입 밖으로 나온 대답은 전혀 예상 밖이었다.

"네, 사겠습니다."

나 역시 마음속 깊은 곳에서 하나님께서 이번에도 우리를 도와주실 것이라는 믿음이 불쑥 솟아올랐다. 하나님께서 내 손을 잡고 이끌어주실 것이라는 확신이 내 마음에 자리 잡았다.

"그럼 채권자에게 이야기해 볼게요."

그리고 그는 떠났다. 그 후 며칠이 지나 다시 나타난 그는 말했다.

"채권자가 동의했어요. 날짜 정해지면 같이 가서 계약서 작성하면 됩니다."

빌딩을 사는 것은 우리에겐 큰 기회였지만, 현실은 빌딩을 살 돈이 없었다. 이 빌딩의 50% 지분이 90만 불이었고, 우리는 계약금 9만 불을 준비해야 했다. 남편과 함께 앉아 상의했지만, 남편도 나와 같은 생각이었다.

"우리의 계획이 확실하다면 하나님께서 길을 주실 거야. 일단 계약금을 마련하고, 나머지는 은행 융자 얻어서 내고 열심히 가게 운영하며 일하면 갚을 수 있을 거야."

남편의 토닥임에 난 이사야 41:10의 말씀이 떠올랐다.

"두려워하지 말라, 내가 너와 함께함이니라."

사업을 시작하고, 특히 맨하탄에서 빌딩을 사는 과정은 만만치 않은 도전이었다. 결심은 했지만 모든 일이 잘 진행될지 불안했다. 수많은 서류와 법적 절차를 진행하는 동안 점점 더 마음속엔 두려움이 커졌다. 그러나 그럴 때마다 "내가 너와 함께함이니라"라는 말씀을 떠올렸다. 하나님께서 나와 함께하신다는 믿음이 내 안에서 다시 힘을 북돋아주었다.

첫 번째 장애물은 자금 문제였다. 빌딩을 사기 위한 자금을 마련하는 것이 만만치 않았다. 여러 금융기관과의 상담과 협상이 쉽지 않았고, 대출 조건도 복잡했다. 하지만 그때마다 나는 하나님께 기도했다. 계약해야 하는 날이 다가오자, 나도 남편도 마음이 불안해졌다. 우리가 가진 전재산은 고작 9만 불이었다. 그 돈으로 계약금을 치른다 쳐도 나머지 잔금은? 내 머릿속은 복잡하게 돌아갔고, 남편도 나도 불안감이 점점 커져갔다. 하지만 그 와중에도 나는 하나님께 의지하며 기도했다.

'아버지, 제게 길을 열어주세요. 저는 아무것도 없지만, 아버지께서는 모든 것을 할 수 있지 않습니까? 제게 지혜를 주세요.'

계약 당일 나는 9만 불을 비닐봉투에 차곡차곡 싸서 가방에 넣었다. 그리고 남편에게 조심스레 말했다.

"이건 현금이니 절대 잃어버리면 안 돼. 우리가 가진 전부니까."

나는 말은 신중했지만, 그 속에는 절박함이 가득했다. 남편은 계약을 위해 건물주와 채권자를 만나러 갔다. 가방을 꼭 끌어안고 걸어가는 남편의 뒷모습이 어쩐지 무거워 보였다. 남편이 사무실에 들어가니 채권자와 건물주가 그를 반갑게 맞았다.

"자, 이제 서류에 서명만 하면 돼."

그가 서류를 내밀었을 때 남편은 잠시 멈칫했다고 한다. 마음 안의 두려움이 고개를 들었고, 가슴이 쿵쾅거리기 시작했다.

'이게 정말 가능한 일일까?'

그러나 남편은 하나님께서 우리를 이끌어주실 거라는 믿음으로 서류에 서명했다. 남편은 계약서에 사인하는 순간 모든 것이 무겁게 느껴지고, 잔금이라는 부담감에 세상이 두 어깨 위에 얹힌 것 같았고, 내딛는 걸음 한 발 한 발이 버겁게 느껴졌다 했다. 이젠 어쩔 수 없다고, 돌이킬 수 없다고 마음을 다잡으며 문을 나서는 순간 채권자가 갑자기 남편을 불렀다.

"미스터 킴!"

"왜 그러세요?"

그는 다가와서 남편의 어깨를 가볍게 두드리며 말했다.

"미스터 킴, 왜 그렇게 힘들어 보여요? 우리 그냥 클로징을 하는 건 어때요?"

남편은 순간 그의 말을 이해할 수 없었다.

"클로징이요? 저는 지금 돈이 한 푼도 없어요. 빌딩 계약한 것만으로도 벅찬데, 당장 클로징은 어려워요."

남편이 고개를 저으며 말하자, 그는 부드럽게 미소 지으며 말했다.

"당신들은 지난 몇 년 동안 임대료를 잘 냈어요. 그리고 식당도 잘 되어 3층까지 다 쓰고 있잖아요. 그걸로 충분합니다. 임대료 내는 것처럼 다달이 지불하는 조건으로 클로징을 할 수 있을 겁니다. 전 당신들을 믿습니다."

그 말을 남편에게 전해 듣는 순간 나는 하나님께서 이 사람의 마음을 움직이셨다는 걸 깨달았다. 세상 사람이라면 절대 그런 결정을 내릴 수 없었을 것이다. 그러나 하나님께서는 9만 불이라는 적은 금액으로 뉴욕 번화가에 우리의 빌딩을 주셨고, 채권자는 나머지 금액을 매달 갚는 조건으로 팔겠다는 제안을 한 것이다. 이것은 기적이었다. 말로 설명할 수 없는 하나님의 계획이 내 눈앞에서 펼쳐지고 있었다. 나는 남편과 함께 한참 동안 말없이 앉아 있었다. 눈물이 흐르려고 했다. 하나님께서 우리를 위해 이루신 일을 생각하니 가슴이 벅찼다. 세상 사람들은 기적 같은 이해할 수 없는 일이었지만, 우리는 하나님의 섭리를 알았다.

그러나 아직 생각지도 않았던 문제가 있었다. 빌딩을 사는 과정에서 또 다른 건물주인 유태인 여자 주인이 이 계약은 무효라고 주장한 것이다. 반반의 지분을 가지고 있는 상태에서 건물을 매매할 때 우선순위가 자기네에게 있음을 무시하고 세입자에게 팔았다며 매매 무효소송을 낸 것이다. 그녀의 남편은 하버드 출신의 변호사였고, 그들은 어떻게든 이 빌딩을 우리의 손에 넘기지 않으려 했다. 나는 그들과 싸울 방법이 없었고, 세상적으로는 절대 이길 수 없다는 것을 알았다. 그러나 내겐 하나님이 계셨다. 아무런 대책 없이 이 일을 진행하실 리 없다고 확신해서 두렵지 않았다.

'아버지, 저를 도와주세요. 이 싸움에서 승리하게 해주세요. 저는 아무 힘이 없지만, 아버지께서는 모든 것을 이루실 수 있습니다.'

그러나 재판은 우리에게 불리하게 진행되었고, 클로징할 날짜가 다가왔다. 그 여자는 계속해서 우리를 방해하려 했고, 빌딩을 차지하려는 그녀의 계획이 눈앞에서 벌어지고 있었다. 그때, 남편은 변호사에게 말했다.

"재판이 끝났지만, 다시 한번 서류를 제출해 주세요. 안 될 가능성이 크다는 걸 알지만, 하나님께 기도하며 다시 한번 시도해 봅시다."

변호사는 이미 끝난 싸움이라며 처음에는 거절했지만, 남편의 간청에 마지못해 서류를 다시 제출했다. 그리고 기적처럼 재판이 연기되었다. 하나님께서 우리의 기도를 들어주신 것이다. 그 여자가 잠시 여행을 떠나 있는 사이, 우리는 모든 절차를 마무리했다. 여행에서 돌아온 그녀는 빌딩의 소유주가 우리로 바뀐 것을 보고 경악했다.

"어떻게 이런 일이 가능하지?"

그녀는 놀란 눈빛으로 우리를 바라보았다. 그러나 우리는 이미 알고 있었다. 이 모든 것은 하나님의 섭리였다는 것을 말이다. 그러나 그들은 소유주가 바뀌었음에도 끊임없이 우리를 고발했고, 법정에서는 날마다 다툼이 벌어졌다. 하지만 매번 기적처럼 판사가 우리의 편을 들어주었다. 판사는 그 여자를 보면서 고개를 절레절레 흔들며 말했다.

"이 사람은 도무지 다른 사람을 봐줄 줄 모르는군요. 이렇게 내쫓으려는 행동은 좋지 않소."

판사의 이 말에 그 여자는 얼굴이 굳어졌고, 법정은 우리에게 유리하게 흘러갔다. 법정의 망치가 내려치며 "땅땅!" 소리가 날 때마다 나는 속으로 하나님께 감사를 드렸다.

'아버지, 이 모든 것이 아버지의 뜻입니다. 저희를 지켜 주셔서 감사합니다.'

그렇게 소유권 분쟁으로 몇 년이 흘러갔다. 교회당을 짓는 동안에도 우리는 매일 같이 법정에 출석해야 했고, 매번 승리와 패배를 반복하며 지쳐갔다. 그러나 그 모든 시간 동안 하나님께서는 우리를 붙들고 계셨다. 내가 절망할 때마다, 그리고 상황이 너무 어려워질 때마다 하나님은 우리 편에 서서 길을 열어주셨다. 교회당은 그렇게 우리의 땀과 눈물, 그리고 무엇보다 하나님의 인도로 완성되어 가고 있었지만, 빌딩 싸움은 끝나지 않았다. 그 여자가 또다시 우리를 고발했고, 우리는 또 법정에 서게 되었다. 이번에도 판사는 우리 편을 들었다.

"이제 그만하세요. 이 사람들은 이미 충분히 고생했습니다."

판사는 단호하게 말했다. 그 여자는 여전히 우리가 빌딩을 빼앗았다고 증오의 눈으로 나를 쳐다봤지만, 법정의 판결은 분명했다.

"당장 이 법정에서 퇴정하시오."

판사의 말이 떨어졌을 때 나는 눈물을 참을 수 없었다. 하나님께서 우리의 손을 잡아주시지 않았다면 이 모든 것이 불가능했을 것이다. 우리는 빌딩에서 쫓겨날 위기에 있었고, 그때마다 하나님께서 우리를 지켜주셨다. 그리고 마침내 그 모든 어려움을 지나 빌딩의 소유권을 확실히 확보하게 되었다. 빌딩의 소유주로서 우리는 이제 더 이상 두려워할 필요가 없었다. 하나님이 우리와 함께하셨고, 그분의 오른손으로 우리 부부를 붙들어주셨기에 이 모든 일이 가능했다는 것을 느꼈다. 하나님께서 내 삶을 인도하신 것처럼 그분이 주신 기회를 통해 더 많은 사람에게 하나님의 사랑을 나누고 싶다는 생각이 들었다. 이 모든 과정이 하나님께서 내게 주신 선물임을 알게 되었다.

그 후 15년이 지나고 우리는 빌딩의 빚을 완전히 갚았다. 15년이라는 긴 시간 동안 우리는 하나님의 손을 잡고 걸어왔고, 그분의 인도하심 속에서 승리할 수 있었다. 빌딩값을 다 갚았다는 그 기쁨은 말로 표현할 수 없었다. 이제 빌딩도, 교회당도 모두 하나님께 드릴 수 있었다. 교회당과 빌딩이 우리의 것이 되기까지 그 모든 시간이 얼마나 고되고 힘들었는지 생각하면 눈물이 났다. 하지만 나는 확신했다. 하나님께서는 우리에게 너무나도 많은 것을 허락하셨고, 우리는 그분께 모든 것을 바칠 수 있었다.

'아버지, 이 모든 것을 아버지께 드립니다. 저희가 힘들 때마다 손을 내밀어 주신 그 은혜를 잊지 않겠습니다.'

"두려워하지 말라. 내가 너와 함께함이니라"라는 이 말씀은 앞으로의 도전에서도 계속해서 나를 지탱해 줄 것이다. 하나님께서 항상 나와 함께하시니, 어떤 어려움도 두렵지 않았다.

12

끝없는 하나님의 은혜

....

"너를 공격하려고 만든 어떤 무기도 성공하지 못할 것이다. 너를 고소하려고 일어나는 모든 혀를 네가 이길 것이다. 이것은 여호와의 종들이 받을 기업이요, 그들이 누리는 의는 내게서 오는 것이다. 이것은 여호와의 말씀이다." (이사야 54:17, 쉬운말 성경)

....

15년이라는 긴 시간 끝에 우리는 결국 모든 빚을 갚아 냈다. 그러나 그 기쁨도 오래가지 않았다. 새로운 시련이 우리 앞에 닥쳐왔다. 공동 소유주인 유태인 여자가 다시 나타난 것이다. 그녀는 우리에게 빌딩을 팔라고 집요하게 압박하기 시작했다. 처음에 남편은 단호하게 거절했지만, 그녀의 협박은 끝이 없었다. 하루가 멀다 하고 나타나서는 빌딩을 팔지 않으면 법적으로 대응하겠다고 협박했다. 그녀의 얼굴에는 일말의 자비도 없었다. 차갑고 무자비한 표정으로 우리를 압박하는 그녀의 말은 날카로운 칼날처럼 우리를 찔렀다. 남편은 처음엔 "우리는 안 판다"고 강하게 말했지만, 그 여자의 지속적인 협박에 지쳐 가기 시작했다. 그때부터 우리의 삶은 더욱 고통스러워졌다.

하루는 남편과 함께 깊은 절망에 빠져 앉아 있을 때였다. 우리는 말없이 서로의 얼굴만 바라보고 있었다. 아무 말도 할 수 없을 만큼 고단했고, 해결책이 보이지 않았다. 그때 나는 견딜 수 없어서 그 자리에서 무릎을 꿇고 하나님께 간절히 기도하기 시작했다.

'하나님, 이 빌딩은 주님께서 주신 기업입니다. 주님의 손으로 이끌어주시지 않았다면 저희가 이곳까지 올 수도 없었습니다. 그런데 지금 이 상황을 어떻게 해야 합니까? 제발 저희를 도와주세요. 이 빌딩을 지킬 수 있게 해주세요.'

나는 눈물로 기도하며 하나님께 매달렸다. 그때 하나님

께서 내 마음에 말씀하셨다.

'내가 너를 지킬 것이다.'

그 순간 내 마음은 다시 하나님에 대한 믿음으로 채워졌다. 절망은 사라지고 하나님께서 모든 것을 주관하고 계시다는 확신이 나를 감쌌다. 우리 부부는 현실을 받아들이기로 했다. 빌딩을 팔아 빚을 갚기로 한 것이다. 애초에 1,500만 불에 빌딩을 팔기로 했지만, 유태인 여자는 바이어가 20만 불을 깎아달라 했으니 그것을 우리에게 부담하라는 것이었다. 자기 몫까지 총 40만 불을 책임을 지라고 억지를 부렸다. 그녀의 끝없는 욕심이 안쓰러웠다. 더는 그 여자와 싸우기가 싫어서 40만 불이란 큰돈을 우리가 부담하기로 하고 빌딩 매각에 사인을 했다. 그런데 빌딩을 팔고 나니 생각지도 않았던 300만 불이라는 세금이 부과되었다. 세금과 빚을 모두 갚고 나면 우린 빈털터리가 되는 상황이었다. 가슴이 찢어지는 것 같았다. 그동안 살아온 시간이 주마등처럼 스치며 너무 허무하고 허망했다. 그보다 당장 어떻게 살아야 하나 걱정이 되었다.

그러나 나의 하나님. 그분은 그때도 나와 함께 계셨다. 하나님께서 또 한 번 우리 삶에 기적을 베푸셨다. 세무 당국에서 연락이 온 것이다. 부과된 세금 300만 불로 집을 사든지, 빌딩을 사든지 하면 세금을 돌려줄 수 있다는 소식이었다. 우리는 깜짝 놀랐다. 이건 분명 하나님께서 주신 은혜였다. 우리 힘으로는 도저히 갚을 수 없었던 빚을 하나님께서 해결하실 방법을 미리 준비해 놓으셨던 것이다. 그렇게 돌려받은 돈으로 남편은 다시 빌딩을 사자고 했지만, 나는 하나님께서 더 안전한 길로 인도하신다는 확신이 있었다.

"집을 사요. 빌딩은 리스크가 너무 커요. 하나님이 주신 기회를 놓치지 말고 안전한 집을 사요. 이제 우리도 나이가 들어 좀 더 안정적인 투자를 해야 해요."

남편은 처음에는 망설였지만, 결국 내 의견을 받아들였다. 그렇게 우리는 집을 샀다. 그리고 그 후 2년 후, 전 세계적으로 코로나 팬데믹이 닥쳤다. 만약 그때 빌딩을 샀더라면, 우리는 또다시 큰 위기에 빠졌을 것이다. 하지만 하나님께서 우리를 보호하셨고, 우리는 그 위기를 안전하게 넘길 수 있었다.

이 모든 과정에서 하나님께서 우리를 어떻게 지키고 인도하셨는지를 뼈저리게 느꼈다. 우리 눈에는 아무것도 보이지 않을 때조차 하나님께서는 언제나 우리와 함께 계셨다. 유태인 여자는 끝까지 우리를 무너뜨리려 했지만, 하나님께서는 그녀의 모든 시도를 무산시키셨다. 하나님께서는 그 어떤 악도 우리를 넘어뜨리지 못하게 하셨다. 그 여자는 우리의 삶을 무너뜨리지 못했고, 우리는 하나님의 보호 아래 다시 한번 승리할 수 있었다.

이제 우리는 하루하루를 감사함 속에 살아간다. 하나님께서 우리에게 베푸신 은혜를 생각하며 하루하루를 살아갈 힘을 얻는다. 때로는 먹을 것조차 부족했던 그 시절을 생각하면 오늘의 평안이 얼마나 값진 것인지 더욱 실감이 난다. 하나님께서 주신 것들을 떠올리며 매일 감사드린다.

'하나님, 이 모든 것이 다 주님의 은혜입니다. 주님께서 주신 것에 감사하며, 저희 삶을 드립니다.'

나는 지나온 일들을 돌이키며 로마서 8:38~39의 말씀을 읽을 때마다 하나님의 사랑이 얼마나 깊고 변함없는지를 느낀다. 이 구절은 내 삶의 모든 상황에서 하나님의 사랑이 나를 붙들고 있다는 확신을 주었다. 나는 인생의 고난과 기쁨, 그리고 불확실한 미래 속에서도 하나님께서 나를 사랑하신다는 것을 깨달았다.

어떤 날은 기쁘고, 어떤 날은 힘든 일들이 내게 찾아왔다. 하지만 그 모든 순간 속에서 나는 하나님의 사랑이 내 곁에 있음을 느꼈다. 예를 들어, 어려운 결정이 필요할 때 불안과 두려움이 엄습할 때마다, 나는 하나님의 말씀을 되새기곤 했다. "내가 너와 함께함이니라"라는 그 음성이 내 마음을 따뜻하게 하고, 다시 일어설 수 있는 힘을 주었다.

힘든 일을 겪고, 모든 것이 무너지는 듯한 느낌을 받을 때가 있었다. 그 순간에 나는 깊은 기도로 하나님께 나아갔다. 내 마음의 모든 불안과 고통을 내놓으면서, 하나님이 나를 사랑하신다는 믿음을 다시금 다졌다. 그리고 그 기도의 응답으로 내 주변 사람들과의 관계가 회복되었고, 나의 상황도 조금씩 나아지기 시작했다. 그 모든 과정 안에서 나는 하나님의 사랑은 나를 결코 떠나지 않는다는 것을 알 수 있었다.

또한, 하나님의 사랑은 단순한 감정이 아니라, 나의 삶 속에서 구체적으로 드러나는 사건들이었다. 사람들에게 도움을 받거나 예상치 못한 은혜가 내게 임할 때마다 그 모든 것이 하나님의 사랑 표현임을 느꼈다. 내가 과거에 겪었던 아픔들이 지금의 나를 더욱 강하게 만들어 주었고, 그 과정 안에서 하나님의 사랑을 더 깊이 이해하게 되었다. 나는 이제 그 사랑을 더욱 깊이 경험하며, 앞으로 어떤 일이 닥치더라도 하나님의 사랑을 믿고 의지할 수 있다는 확신을 가지고 있다. 하나님은 언제나 내 편이시며, 그 사랑은 나를 지켜주는 든든한 방패가 되어주신다는 것을 말이다.

13

하나님과 함께하는
나의 삶 속의 수많은 기적

....

"남을 아낌없이 돕는 사람은 풍족해지고, 다른 사람을 돕고 기쁘게 하는 사람은 자신도 기쁨과 풍요로움을 누릴 것이다."
(잠언 11:25, 쉬운말 성경)

....

지나온 나의 삶은 단순한 일상의 반복이 아니라, 하나님께서 함께하시는 순간들로 가득 채워진 기적의 연속이었다. 많은 사람이 '기적'이라는 말을 들으면 거창하고 특별한 일을 떠올리지만, 내게 있어서 기적은 매일 같이 경험하는 하나님의 세밀한 인도하심이다. 그리고 내가 일상에서 만나는 사람들을 통해 하나님께서 기적을 행하신다는 것을 느낀 적이 많았다.

가장 먼저 떠오르는 기적은 우리 가정에서 일어난 일들이다. 앞에서도 언급한 내용이지만 자식들을 키우는 과정은 순탄치 않았고, 자녀들이 세상으로 빠져들어 갈 때 나는 그저 하나님의 손에 맡기는 수밖에 없었다. 내 힘으로는 아무것도 할 수 없다는 것을 절감했을 때 하나님께서는 기도를 통해 나에게 힘을 주셨다. 특히, 자녀들이 방황할 때 내 마음은 너무도 무거웠다.

그러나 하나님은 때마다 그들에게 다가가셨고, 그들이 다시 믿음 안으로 돌아오는 모습을 보며 그분의 계획과 인도하심을 깊이 느낄 수 있었다. 또한, 내가 경제적으로 힘들 때마다 하나님께서 놀라운 방법으로 나를 도와주셨던 일들이 떠오른다. 나는 부족했던 내 지난 삶을 떠올리며 낭비를 하지 않는다. 특히 음식을 버리는 일은 거의 없다. 매일 매일 먹을 것을 채워주시는 하나님의 은혜에 감사하며 살아간다.

나는 그날도 평소처럼 식료품을 사기 위해 마트에 갔다. 필요한 것만 딱 사려고 현금을 가져갔는데 계산하려고 했더니 돈이 부족했다. 40불이 모자랐다.

"아, 잠깐만요! 제 차에 돈이 있어요. 빨리 갔다 올게요."

나는 서둘러 말하고 차로 향하려던 찰나, 내 뒤에 있던 한 여자가 내 팔을 살며시 잡았다.

"아줌마, 제가 내드릴게요."

나는 깜짝 놀라며 손사래를 쳤다.

"아니에요, 금방 갔다 올 수 있어요."

그러나 그 여자는 미소를 지으며 말렸다.

"아줌마, 제발 저도 좋은 일 좀 하게 해주세요. 저도 기쁨을 누리고 싶어요."

그 여자의 진지한 눈빛에 나는 더 이상 거절할 수 없었다. 결국 그 여자가 돈을 대신 내주었다. 나는 감사하면서도 어색했고, 왠지 모를 미안함이 가득했다. 계산을 마치고 보니 36불이 나왔다. 4불이 남았는데 그 잔돈까지 나에게 주었다. 나는 어리둥절해서 그 여자에게 물었다.

"아니, 왜 잔돈까지 주시는 거예요?"

그녀는 환하게 웃으며 대답했다.

"아줌마, 그냥 받아주세요. 저도 오늘 좋은 일을 하고 싶어요."

나는 다시 감사하다고 하고 차로 갔는데, 그 여자의 차가 내 차 바로 옆에 주차되어 있었다. 순간 나는 얼른 차에서 돈을 꺼내 돌려주려고 달려갔다.

"여기요! 40불이에요. 아깐 정말 감사했어요."

나는 손에 쥔 돈을 그녀에게 내밀었다. 그러나 그 여자는 고개를 저으며 말했다.

"제발, 아줌마, 오늘 저에게도 좋은 일할 기회를 주세요."

그 여자의 따뜻한 마음에 나는 기분이 좋아지고 웃음이 나왔다. 그래서 묻지 않을 수 없었다.

"하하~ 알겠어요. 그럼 이름이라도 알려주세요."

그녀는 대답했다.

"제 이름은 ○○○이에요."

순간 깜짝 놀랐다. 그 이름은 우리 시누 이름과 같았다. 나는 웃으며 말했다.

"그 이름, 우리 시누 이름이랑 같네요! 당신을 위해 기도할게요. 하나님께서 당신의 삶을 축복하시길 기도드리겠습니다."

집으로 돌아오는 길에 오늘 일을 다시 생각해 보았다. 나는 그 여자의 선한 마음과 따뜻한 손길에 깊이 감동받았다. 단순히 돈을 받는 것이 아니라, 그 여자는 나눔을 통해 기쁨을 느끼는 것이 보였다. "저도 오늘 좋은 일을 하고 싶어요"라는 그녀의 말은 하나님께 받은 은혜를 실천하는 기회를 갖고 싶다는 말이라는 것을 깨달았다. 나는 그 따뜻한 마음에 깊은 감사와 함께 하나님께서 주시는 사랑을 다시 한번 느낄 수 있었다.

또 하나의 기적은 식당에서 일어났다. 그날은 평소와 다를 것 없던 하루였다. 손님 한 분이 들어왔고, 나는 늘 그렇듯 환한 미소로 그를 맞이했다.

"이쪽으로 앉으세요."

그분이 자리에 앉자마자, 갑자기 내 입에서 간증이 흘러나오기 시작했다. 정말 이상한 일이었다. 나는 처음 보는 사람에게 간증을 잘 하지 않는다. 마음의 문이 열린 사람에게만 나누는 편이었으니까 말이다. 그런데 그날은 달랐다. 마치 내 안에서 누군가가 말을 하게 만드는 것 같았다. 내가 겪었던 하나님의 역사와 은혜를 멈출 수 없이 전하고 있었다. 말하는 나 스스로도 놀랐지만, 손님도 싫은 내색 없이 고개를 끄덕이며 경청하고 있었다.

"참 이상하지요, 이런 이야기를 처음 보는 사람에게 하게 되다니…"

나는 웃으며 물었고, 손님은 미소 지으며 대답했다.

"아니요, 그런데 너무 좋아요. 사실 저는 예수님을 믿다가 최근에 하나님이 응답하지 않으시는 것 같아서 지난 3주 동안 교회에 나가지 않았어요."

그 말을 듣는 순간 이건 우연이 아니라는 생각이 들었다.

하나님께서 이 사람을 위해 나를 사용하고 계셨다는 확신이 들었다. 그 손님은 지금 나에게 필요한 말을 듣기 위해 여기에 온 것이었다. 나는 그 순간의 경이로움을 느꼈다. 왜 그분에게 내 이야기를 해야 했는지 이제는 분명해졌다. 하나님은 언제나 우리 곁에 계셨고, 그분의 계획 안에서 우리는 누군가에게 도움이 될 수 있도록 쓰이기도 한다는 사실이 가슴에 와닿았다.

나는 차분히 말을 이어갔다.

"인내와 끈기를 가지고 마음과 정성을 다해 하나님께 나아가세요. 하나님께서 당신을 사랑하시고, 그 사랑을 느끼게 해주실 거예요. 때로는 시간이 필요하지만, 지극한 마음으로 하나님을 찾으면 반드시 주님을 만날 수 있을 겁니다."

그녀는 고개를 끄덕이며 감사의 인사를 건넸다. 그렇게 우리는 헤어졌다. 그 후로는 그 손님을 다시 보지 못했지만, 그날의 대화는 오래도록 내 마음에 남아 있었다.

그로부터 1년이 지난 어느 날, 뜻밖의 소식을 들었다. 나는 그날 집에 있었고, 식당에는 나 대신 남편이 있었다. 남편이 손님을 맞이하고 있을 때 한 여자가 식당에 와서 나를 찾았다고 한다.

"사모님 좀 뵙고 싶어요. 꼭 감사 인사를 드려야 해요."

그 말을 듣고 남편이 이유를 물었다고 한다.

"왜요? 무슨 일이신가요?"

그 여자는 얼굴에 가득 찬 미소로 답했다.

"1년 전에 여기 밥 먹으러 왔다가 사모님이 저에게 예수님을 다시 믿으라고 말씀해 주셨어요. 기도할 때 인내와 끈기로 하나님을 찾으라고 하셨고, 마음과 정성을 다해 하나님께 나아가라고 하셨죠. 그 말씀대로 했더니, 이제 주님을 자주 만날 수 있게 됐어요. 그때 사모님의 말씀이 제게 큰 힘이 되었어요. 너무 감사해서 꼭 인사드리고 싶었어요."

남편이 그 이야기를 전해주면서 나에게 얼마나 그 여자가 기뻐했는지, 그리고 하나님을 다시 찾게 된 것에 얼마나 감사했는지 전했다. 그 이야기를 듣는 순간 내 마음에도 기쁨이 넘쳤다. 하나님께서 나를 통해 그 여자를 다시 주님께 인도하셨다는 사실이 너무나 감사했다. 나는 아무것도 아니지만, 하나님께서 나를 도구로 사용하셔서 그분의 일을 이루어 가신다는 사실이 그저 행복할 따름이었다. 하나님께서 우리의 삶 속에서 아무리 작은 순간이라도 그분의 손길을 통해 우리를 인도하신다는 것을 다시금 느꼈다.

때로는 아무리 눈에 보이지 않는 기적이라도 하나님께서는 우리와 함께하시며, 우리의 삶 속에서 일하신다. 그것이 바로 내가 살아온 삶 속에서 발견한 수많은 기적이었다.

또 한 번은 시장에서 물건을 사고 곰탕집에 가던 중이었다. 맨하탄의 복잡한 도심은 언제나 차들로 북적거렸고, 주차 공간은 찾기 힘들었다. 가게 앞은 물론, 주변 도로에도 차가 꽉 들어차 있었다. 주차 공간을 찾기 위해 이리저리 돌아다니느라 마음이 조마조마했다. 복잡한 도로와 사람들 속에서 나는 주차 공간을 찾는 것이 마치 한바탕 싸움을 하는 것처럼 느껴졌다.

'아버지, 주차 공간 하나 주세요. 제가 티켓을 받으면 또 돈이 나가잖아요. 그 돈, 낭비하고 싶지 않아요. 그 돈을 아껴서 헌금하고 싶어요. 제발, 아버지, 주차장에 빈자리를 주세요.'

내 기도가 끝나기도 전에 마치 하늘이 응답하는 것처럼 바로 내 앞에서 차 한 대가 빠져나가고 빈자리가 나타났다. 순간 가슴이 벅차올랐다. 그런 주차 공간은 흔치 않았다. 비싼 주차 요금에 부담을 느끼던 차에 하나님께서 나를 위해 자리를 마련해 주신 것이었다. 차를 주차한 후 곰탕집으로 들어갔을 때 마음속에서 하나님께 대한 감사가 넘쳐흘렀다. 곰탕집의 따뜻한 분위기와 함께 나는 주님께서 내 기도를 들어주신 그 순간을 되새겼다. 그런 작은 기적들이 나의 삶에서 이어질 때마다 하나님께서 나를 지켜보시고 인도하고 계심을 다시금 깨닫게 된다.

그 후에도 매일 같이 물건을 사고 돌아올 때마다 하나님은 언제나 주차할 공간을 허락해 주셨다. 한 번도 예외 없이 그곳에서 나는 티켓을 받은 적이 없었다. 맨하탄에서 주차는 흔히 스트레스의 원인이었지만, 나에게는 주차가 하나의 기적이 되었다. 주변의 복잡함 속에서 빈자리가 나타나는 것은 나에게 하나님이 주신 특별한 선물이었던 것이다. 이건 단순한 운이 아니었다. 맨하탄의 복잡한 도로에서 나를 위해 빈자리를 마련해 주신 하나님의 손길을 느끼는 것은 그 자체로 큰 기적이었다. 절약된 돈은 항상 헌금하였다. 하나님의 일에 쓰일 수 있다는 생각에 마음이 따뜻해지기 때문이다.

나는 그렇게 하나님께서 내 삶 속에 이루신 작은 기적들을 하나하나 세어보았다. 남들이 보면 아주 단순하고 우연한 일로 보이는 주차 공간을 찾는 것에서도 나는 하나님께서 언제나 나와 함께하신다는 것을 느꼈다. 그리고 이 모든 것은 나의 신앙 여정에서의 큰 복이었다. 삶의 작은 순간들 속에서도 하나님은 내게 기적을 보여주셨고, 나는 그 기적을 잊지 않고 기억하며 앞으로 나아가기로 다짐했다. 이 모든 것이 바로 하나님께서 내 삶 속에 이루신 작은 기적들이다.

삶의 기적은 특별하고 큰 사건이 아닌, 매일의 삶 속에서 하나님의 손길을 느끼는 순간들이다. 그리고 그 기적들은 늘 나의 기도 속에서 응답되어 왔다. 하나님께서 나와 함께하신다는 확신 속에서 나는 앞으로도 그분의 기적을 기대하며 살 것이다.

하나님의 기적을 생각하며 시편 121:7 "여호와께서 너를 지켜 모든 재앙을 막아주시고, 네 생명을 지켜주실 것이다"라는 이 말씀을 떠올린다. 하나님은 나의 모든 걸음을 지켜보시며, 때로는 나를 시험하시고, 또 때로는 나를 보호하셨다. 이로써 나는 그분의 크신 손길 속에서 오늘도 살아간다. 요한복음 14:13~14에서 예수님은 이렇게 말씀하신다.

"너희가 내 이름으로 무엇을 구하든지 내가 행하겠다. 이는 아버지께서 아들을 통해 영광을 받으시기 위해서다. 내 이름으로 무엇이든지 구하면 내가 그것을 이루어 주겠다."

이 말씀은 우리에게 깊은 위로와 희망을 준다. 기도는 단순히 우리의 요청을 하나님께 드리는 것이 아니라, 그분과의 관계를 더욱 깊게 만들어 주는 특별한 시간임을 깨닫게 되며, 나는 내가 겪었던 여러 기적의 순간들이 떠오른다. 이는 단순히 나의 기도에 대한 응답이 아니라, 은혜다. 하나님의 이름으로 기도하는 것이 얼마나 큰 복인지, 또 그 기도를 통해 얼마나 많은 기적이 일어날 수 있는지를 깨닫는 것이 중요하다.

하나님을 믿는다는 것은 우리 삶 속에서 기적이 일어날 수 있는 가능성을 여는 것이다. 나의 작은 기도가 크신 하나님의 손길을 통해 이루어질 수 있다는 사실은, 믿음을 가진 누구에게나 주어지는 소중한 은혜임을 다시 한번 느낀다.

하나님께 기도하고 그분의 응답을 기다리는 순간순간 나는 매일매일 그분의 사랑과 은혜를 체험하고 있다. 기도는 나의 소원을 하나님께 드리는 시간이자, 하나님과 더욱 친밀해지는 시간이기도 하다. 앞으로도 나는 계속해서 하나님께 기도하며 그분의 능력을 경험할 것이며, 그 과정에서 많은 기적이 나와 함께할 것임을 믿는다. 하나님과의 관계 속에서 기적이 일어나는 삶을 살고 있다. 그렇게 하나님께 나아가며, 그분의 사랑과 은혜 속에 살아가는 것이 내 삶의 진정한 복이다.

⑭ 하나님께 드리는 순종과 감사

･･･････････

"항상 기뻐하십시오. 끊임없이 기도하십시오. 모든 일에 감사하십시오. 이것이 그리스도 예수 안에서 여러분을 향한 하나님의 뜻입니다." (데살로니가전서 5:16~18, 쉬운말 성경)

･･･････････

어느 날 예배 시간에 목사님께서 십일조와 감사에 대한 말씀을 전하셨다. 그날 예배가 끝나고 나는 무언가를 찾느라 정신이 없었다. 그러다 누군가가 나를 부르는 소리를 들었다.

"권사님, 권사님!"

나는 처음에는 내가 아닌 다른 사람을 부르는 줄 알았다. 그런데 그 소리가 자꾸 나를 향해 들려왔다. 돌아보니 한 여성이 나에게 다가와 물었다.

"권사님, 오늘 목사님이 헌금에 대해 말씀하셨는데, 권사님은 어떻게 생각하세요?"

그 질문이 나를 당황하게 했다. 솔직히 나도 헌금에 대해 깊이 생각해 본 적이 없었다. 그저 매주 하나님께 드리는 마음으로 했던 것이 전부였다. 하지만 그 순간 나는 머릿속이 복잡해졌다. 하나님께서는 왜 지금 나에게 이런 질문을 하게 하시는 걸까? 그 여자의 눈빛을 보니 뭔가 답을 기다리는 것 같았다.

'아이고 아버지, 뭐라고 답해야 하나요?'

순간 나는 뭐라 해야 할지 몰라서 당황스러웠다. 그러나 내 입에서 나도 모르게 말이 튀어나왔다.

"그냥 헌금 많이 하세요. 복 받으려면."

나조차도 그 말이 내 입에서 어떻게 나왔는지 알 수 없었다. 하나님께서 직접 내 입을 통해 말씀하시는 것 같았다.

그 여자는 놀란 표정으로 나를 바라보았지만, 나는 다시 한 번 확신에 찬 목소리로 말했다.

"복 받으려면 헌금을 많이 하세요."

그 말을 하고 나니 문득 나 자신을 돌아보게 됐다. 나는 이미 헌금을 통해 복을 받아왔던 사람이라는 사실을 깨달았다. 내 인생에서 하나님께서 주신 복은 셀 수 없이 많았다. 내가 헌금을 드리며 하나님께 의지할 때마다 하나님은 언제나 넘치는 복으로 나를 채워주셨다. 그때서야 비로소 나는 헌금의 참된 의미를 깨닫게 된 것이다.

내 삶에서 하나님께서 이루신 수많은 기적 중 하나는 교회당 건축을 위한 헌금을 드릴 때였다. 교회당 부지를 마련하고 건축비를 채우는 일은 결코 쉽지 않았다. 가게에서 나오는 모든 수입은 교회로 들어갔고, 경제적으로 힘든 시기였다. 주변 사람들은 내가 감당할 수 없는 큰돈을 헌금할 때마다 이해할 수 없다는 듯 수군거렸다. "지금 상황에서 저 돈을 어떻게 헌금할 수 있지?"라는 의구심과 걱정이 섞인 말들이 계속 들려왔다.

하지만 나는 흔들리지 않았다. 하나님께서 나에게 주신 마음은 분명했고, 교회당을 세우는 일은 그분의 계획이었다. 가게는 어렵고 당장 생활도 빠듯했지만, 나는 내가 해야 할 일을 알고 있었다. 헌금은 단순히 돈을 드리는 일이 아니었다. 그것은 내 믿음과 순종을 표현하는 행위였다. 하나님의 일을 위해 나 자신을 드리는 것, 그것이 헌금의 진정한 의미였다.

사람들이 나를 이해하지 못하는 것은 당연했다. 그들은 내가 보고 느낀 하나님을 보지 못했고, 내 안에 넘치는 신앙을 알 수 없었기 때문이다. 그러나 나는 알았다. 내게 필요한 모든 것을 채워주실 분이 하나님이라는 것을 말이다. 내가 드릴 수 있는 가장 큰 것은 물질이 아니라 나의 믿음이었다.

하나님은 내가 헌금할 때마다 더 큰 복으로 채워주셨다. 어려움 속에서도 가게는 기적적으로 유지되었고, 교회당도 한 걸음씩 세워져 갔다. 교회당이 완성되는 그 순간, 나는 주변의 모든 수군거림이 하나님의 손길로 잠잠해지는 것을 느꼈다. 사람들은 이제 더 이상 내가 왜 그렇게 했는지 묻지 않았다. 오히려 나를 통해 하나님께서 이루신 기적을 함께 목격하며, 그분의 일하심을 경배했다.

내 삶은 이렇게 하나님께 드리는 헌신과 순종 속에서 많은 기적을 경험했다. 예전에 들었던 말씀이 떠오른다.

"네 재물과 네 소산물의 처음 익은 열매로 여호와를 공경하라."

그 구절이 마음속에 새겨져 있는 듯 내게는 헌금이 믿음의 표현이다. 마치 하나님께 나의 인생을 맡기고, 그분이 알아서 인도하실 것이라는 신뢰를 드러내는 순간인 것이다. 하나님은 나를 단순한 구경꾼으로 부르신 것이 아니라, 그분의 일에 동참할 기회를 주신다. 내가 드리는 헌금이 교회당의 사역에 쓰여 예배가 드려지고, 선교가 이루어지며, 가난하고 소외된 이웃들에게 흘러가면, 나는 그 안에서 하나님과 함께 일하는 자로 설 수 있다. 생각해 보면 이것이 얼마나 큰 영광인가! 하나님께서 나를 그분의 계획 속에 함께 걷게 하셨다는 사실은 나를 늘 감동하게 한다. 이 모든 과정을 통해 나는 또 다른 깨달음을 얻게 된다.

헌금은 단지 나의 주머니에서 나가는 돈이 아니다. 그것은 내 마음을 드리는 일이다. 내가 가진 것을 붙잡고 집착하는 대신, 하나님께 그것을 내려놓는 순간 그분은 나를 더 자유롭게 만드신다. 마치 내 영혼을 가볍게 하시고, 그분만을 의지하도록 이끄시는 훈련 같았다. 하나님은 나의 삶을 통해 내가 진정으로 그분만을 의지하게 하시는 것 같다.

내 몸이 아플 때마다 나는 마음 깊숙이 하나님께 도움을 구했다. 아버지께서는 나를 창조하셨으니 내 몸이 어디가 잘못되었는지 가장 잘 아실 거라고 생각했다. 그래서 내가 할 수 있는 건 오직 기도하고 하나님께 나의 문제를 내어 맡기는 것이었다. 하지만 내 몸이 아프면 마음도 무겁고, 무엇을 드려야 할지도 몰라 망설이곤 했다.

'아버지, 이 몸이 너무 아파요. 어디가 잘못된 건지 아버지는 아시죠? 제발 고쳐주세요.'

나는 헌금을 하겠다는 생각을 늘 갖고 있어서 내가 가진 것이 얼마 없었지만, 그것을 기꺼이 드리고 나면 이상하게도 몸이 회복되기 시작했다. 내 병을 고쳐주신 것은 분명 하나님이었다. 아버지께서는 내가 드리는 작은 헌신도 귀하게 보시고, 그 대가로 나를 치유해 주셨다. 그리고 한 번은 이런 생각이 문득 들었다.

'하나님께서 나를 이렇게 사랑하시는데, 어찌 나를 죽이시겠는가?'

내가 아버지를 사랑하고 아버지께 헌신할 때 그분께서 나를 해치지 않으신다는 확신이 점점 강해졌다. 하나님은 지극히 사랑하는 자는 절대로 죽이지 않으신다는 것을 깨달았다.

"네가 나를 이렇게 사랑하는데, 어찌 내가 너를 죽일 수 있겠느냐."

이 말씀은 내 마음 깊은 곳에 남아 있다. 하나님은 내가 그분을 사랑하는 마음을 누구보다도 잘 아시고, 그 사랑이 나를 살게 하는 힘이라는 것도 안다. 그래서 나는 더 이상 두렵지 않다. 아프더라도 어려운 상황 속에서도 하나님께 내 모든 것을 드리면 그분께서 반드시 나를 고쳐주시고 보호해 주신다는 믿음이 있기 때문이다. 이러한 믿음 속에

14. 하나님께 드리는 순종과 감사

서 나는 점점 더 하나님께 나아가고, 그분의 은혜를 갈망하게 되었다.

얼굴에 풍을 맞았던 그 시기는 내 인생에서 가장 힘든 시간 중 하나였다. 철야기도를 너무 자주 하다 보니 몸은 점점 지쳐갔고, 어느 날 얼굴 한쪽이 굳어가는 것을 느꼈다. 몸도 마음도 지친 상태에서 플로리다로 내려가 한 달 동안 머물며 몸을 회복하기로 했다. 플로리다의 따뜻한 기후가 몸의 회복에 적합할 거라 믿었다. 하지만 사실 몸보다 더 회복이 필요했던 것은 내 영혼이었다. 마음이 너무나도 지쳐 있었고, 하나님을 다시 찾고 성령을 느끼고 싶었다.

플로리다에 있는 동안 박 모세 목사님을 만나게 됐다. 성령 충만한 목사님으로 유명한 분이었다. 그래서 예배에 참석하면서 기대를 했다. 그 예배는 정말로 특별했다. 1시간 동안 손을 들고 찬양을 드리는 예배였다. 그 시간 동안 내 마음이 점차 열리고, 성령의 임재가 내 안에 가득 찼다. 은혜가 충만해지는 것을 느꼈고, 하나님과 깊이 연결된다는 확신이 생겼다. 그 시간의 감동은 말로 표현할 수 없을 정도로 강렬했다.

찬양을 이어가던 중 갑자기 내 눈앞에 환상이 펼쳐졌다. 구름 위에 서서 계신 예수님의 모습이 보였다. 예수님은 두 팔을 높이 들고 계셨고, 나를 지켜보시는 것 같았다. 그 순간 예수님이 나와 함께 계신다는 확신이 내 안을 가득 채웠다. 나는 손을 높이 들고 찬양을 드리며 그분의 모습을 계속 바라보았다. 시간이 지날수록 내 팔은 무거워지고, 온몸이 떨리기 시작했지만, 찬양을 멈출 수는 없었다. 내 마음속에 죽으면 죽었지, 끝날 때까지 하나님께 찬양을 드리겠다는 결심이 있었다.

그러나 마음과는 달리 너무 힘이 들어서 손이 자꾸만 아래로 처졌다. 그때 예수님의 손이 점점 내려오는 모습이 보였다. 순간적으로 당황했고, 왜 예수님의 손이 내려오는지 이해할 수 없었다. 다시 힘을 내어 손을 높이 들었고, 그와 동시에 예수님의 손도 서서히 올라가는 것이 보였다. 그 순간 큰 깨달음을 얻었다. 내 찬양이 예수님께 닿고, 그분이 나의 찬양을 기쁘게 받으시고 있다는 것을 확신하게 됐다. 나는 온 힘을 다해 다시 찬양을 드렸고, 예수님의 손이 점점 높이 올라가며 마침내 두 팔을 활짝 펴셨다. 그 모습은 마치 내가 드리는 찬양을 온전히 받아주시며 나를 복하는 것처럼 보였다.

그 순간 내 마음은 말로 다 할 수 없는 기쁨으로 가득 찼다. 성령의 충만함이 내 몸을 가득 채우고, 마치 하늘과 땅이 하나로 연결된 듯한 느낌이었다. 내 찬양이 예수님께 닿았고, 그분이 나와 함께 계시며 나를 복하고 계셨다는 확신이 들었다. 예배가 끝나고 설교가 시작되면서 환상은 사라졌지만, 그때의 감동은 내 마음속 깊이 남아 있었다. 하나님께서 나를 지켜보고 계시며, 내가 그분께 드리는 모든 찬양과 기도를 기쁨으로 받으신다는 사실을 다시 한번 깨달았다.

그날 이후로 내 믿음은 더욱 굳건해졌다. 예수님께서 나를 복하셨던 그 환상은 내 신앙에 있어서 매우 중요한 순간이었다. 그때 느꼈던 감동은 내가 하나님께 어떤 태도로 나아가야 하는지를 깊이 깨닫게 해주었다. 하나님은 내가 힘들어도 포기하지 않고 끝까지 찬양할 때 그분의 손을 내밀어 응답해 주시는 분이라는 것을 온몸으로 느꼈다.

그 경험 이후로 나는 어떤 상황에서도 하나님께 찬양을 드리며 그분께 나의 모든 것을 드리기로 다짐했다. 그분은 언제나 나를 지켜보시고, 나의 모든 찬양과 기도를 받으시는 분임을 알게 되었기 때문이다. 예수님이 두 팔을 들어 나를 축복하셨던 그 환상은 나에게 큰 은혜를 주었고, 그 순간을 통해 나는 하나님 아버지의 사랑을 다시 한번 깊이 체험했다.

하나님을 믿으며 신앙생활을 할 때 가장 기본적인 마음은 순종과 감사라고 생각한다. 나 역시 내 삶의 모든 시간을 순종과 감사의 삶으로 살아왔고, 그에 따른 하나님의 은혜와 보상은 세상적인 잣대로는 비교할 수 없이 크고 깊다. 데살로니가전서 5:16~18의 말씀은 신앙의 핵심을 잘 나타내고 있다.

"항상 기뻐하라. 쉬지 말고 기도하라. 범사에 감사하라."

이 세 가지 말씀은 각각 독립적인 것 같지만, 사실은 서로 깊이 연결되어 있다.

하루하루의 삶 속에서 기쁨을 찾는 것은 결코 쉬운 일이 아니다. 어려운 상황, 예상치 못한 어려움, 고난 속에서 기쁨을 찾으라는 말씀은 때때로 나에게 도전으로 다가온다. 하지만 나는 이 말씀을 통해 하나님께서 원하시는 삶의 태도를 배우게 되었다. 기쁨은 내 감정 상태가 아니라, 하나님과의 관계에서 오는 것이다. 그분의 사랑과 은혜를 기억하고, 그분이 내 삶을 주관하신다는 사실을 인식할 때, 내 마음은 자연스럽게 기쁨으로 채워진다.

또한, "쉬지 말고 기도하라"라는 말씀은 내가 하나님과 끝없는 대화를 유지하라는 초대장이다. 기도를 통해 하나님께 나아가면 그분은 내 삶의 모든 문제에 대해 나와 함께하신다. 나의 염려와 두려움을 하나님께 맡길 수 있고, 그분의 인도를 구할 수 있다. 기도는 단순한 의식이 아니라, 하나님과의 관계를 깊게 하는 중요한 수단이다. 그래서 기도를 멈추지 않는 것이 중요하다.

· 마지막으로, "범사에 감사하라"라는 말씀은 내가 얼마나 많은 은혜를 받고 있는지를 되새기게 한다. 감사는 단순히 좋은 일이 있을 때만 표현되는 것이 아니다. 내 삶의 모든 부분에서 하나님의 손길을 인식하고, 그분의 계획이 나에게 최선임을 신뢰하는 것이 진정한 감사이다. 어려운 순간에도 감사할 수 있는 마음을 가지려 할 때 그 속에서 하나님께서 주시는 평안을 경험하게 된다.

이 모든 것이 하나님의 뜻임을 깨닫게 되면 믿음은 더욱 깊어지고 성숙해진다. 순종과 감사는 신앙생활의 두 기둥과 같다. 하나님께 순종하는 것은 그분의 뜻에 따라 살아가는 것이고, 감사하는 것은 그분이 나에게 주신 모든 것에 대한 인정이다. 믿음의 여정에서 이 두 가지가 결합될 때 비로소 하나님과 깊은 관계를 경험하게 된다. 하나님께 순종하고 감사하는 것이 내 신앙의 바탕이 되어 어떤 상황에서도 그분의 사랑과 은혜를 잊지 않고 살아가고자 한다.

15

하나님이 주신 마지막 숙제

....

"우리는 그의 만드신 바라 그리스도 예수 안에서 선한 일을 위하여 지으심을 받았으니, 이 일은 하나님이 전에 예비하신 것이니라." (에베소서 2:10, 쉬운말 성경)

....

어느 날 나는 곰탕집에서 바쁜 하루를 마치고 사무실에 앉아 성경을 펼치고 있었다. 그 순간 내 눈앞에 갑자기 연못이 펼쳐지듯이 보였다. 아름다운 연못의 물결이 잔잔히 일렁이며, 그 위로는 하늘의 빛이 쏟아져 내렸다. 빛이 물속으로 스며들며 반짝이는 모습을 보니 마치 천국의 비밀을 들여다보는 듯한 경이로움이 밀려왔다. 나에게 어떤 메시지를 주시고자 하신 것 같았다. 물속에 비친 빛은 교회당을 짓는 것과 관련이 있는 듯했다. 나는 그 환상을 보며 하나님의 뜻을 깨닫고, 앞으로 나아가야 할 길을 물었다.

그 환상을 보고 몇 달이 흐른 가을 어느 날, 나는 가게로 나가기 위해 문을 잠그고 돌아서는 순간 내 귀에 '폐물'이라고 속삭였다. 이 소리는 처음에는 희미하게 들렸지만, 그 의미를 알고 싶었던 나는 한순간에 얼어붙었다.

'이게 무슨 뜻이지?'

내 마음속에서 궁금승이 물어났다. 하나님께서 나에게 주시는 메시지인지, 아니면 단순한 환상일 뿐인지 헷갈리기 시작했다. 폐물이 무엇을 말하는지 곰곰이 생각하던 나는 노아의 이야기를 떠올렸다. 노아는 하나님께서 주신 경고를 듣고 세상이 멸망할 때까지 방주를 지었다. 하나님은 그를 통해 인류를 구원하셨고, 노아는 비록 어려운 상황 속에서도 자신의 믿음을 지켰다.

'하나님, 돈이 없는데 어떻게 배를 지을 수 있나요?'

노아는 두려움과 불안 속에서도 믿음을 잃지 않고, 하나님께서 주신 명령을 따랐다. 결국 노아는 그 폐물들로 배를 짓고 그의 가족과 함께 대홍수에서 구원을 받았다.

내 마음속에도 노아와 같은 의구심이 자리 잡았다.

'이 물속에 폐물이 없으면 어떻게 하지?'

나는 그 의미를 이해하고 싶었고, 내게 주어진 사명을 이루기 위해 기도를 이어갔다. 하나님께서 나에게 무엇을 원하시는지, 그 답을 찾기 위해 내 영혼을 깊이 들여다보았다. 마지막 날에도 많은 것들이 사라지고, 사람들은 돈이 없어 고통받게 될 것이라는 경고가 내 마음을 스쳤다. 하나님께서는 이 환상을 통해 나에게 준비하라는 메시지를 주신 것이 아닌가 싶었다. 물속의 빛, 하나님께서 나에게 주신 환상과 그 속의 메시지는 나의 삶에서 어떻게든 이루어져야 할 하나님의 숙제임을 느끼게 되었다. 노아가 배를 짓기 위해 폐물을 모았던 것처럼 나 역시 이 시대에 맞는 폐물, 즉 신앙의 재료를 모아야 한다는 깨달음이 밀려왔다.

이 환상을 본 지 20여 년이 흘렀다. 나는 이제 그 수수께끼를 풀고 하나님의 주신 숙제를 해야 할 때임을 알았다. 20년 동안 숨 가쁘게 살면서도 나는 매일 그 연못을 생각했다. 언젠가는 꼭 해야 할 나의 사명이자 하나님의 일이었기 때문이다. 그 연못의 환상 속에서 비춰진 빛은 여전히 나를 불러들이고 있었다. 나는 수영복을 입고 물가에 다가가 두려운 마음으로 발을 담갔다. 한 발 두 발 차가운 물 속으로 점점 더 들어가면서 마치 저 멀리서 어떤 힘이 나를 끌어당기는 듯한 느낌이 들었다.

그런데 맨몸으로 잠수하기는 너무 어려웠다. 물속으로 들어가면 떠오르고, 들어갈 때마다 또다시 수면 위로 떠오르고 말았다. 내 몸은 가벼워지기보다는 무겁게 느껴졌다. 들어갔다 떠오르기를 몇 번을 시도했을까? 나는 속으로 '아버지, 저를 돌봐주세요. 제가 어떻게 들어가야 할까요?'라고 기도했다.

저 멀리 바위가 보였다. 여러 한국 사람들이 그곳에 모여 나를 쳐다보고 있었다. 그들은 나의 수영을 지켜보며 서로 이야기하고 있었다. 나를 걱정하는 것 같았다. '아이고, 저 사람은 괜찮을까?'라는 듯한 눈빛을 보낸다. 그 순간 나는 깊은 외로움과 함께 사람들의 시선이 내게 집중되는 것을 느꼈다. 그들의 걱정이 나를 더욱 불안하게 했다. 이런 식으로는 물속에 들어갈 수 없다고 판단한 나는 옷을 갈아입기 위해 바위 위로 올라갔다. 그때 두 명의 여성이 지나치며 나를 보더니 서로 대화를 나누었다.

"아, 한국 사람이었군요."

그 말을 듣고 나도 그들을 바라보았다.

"아, 그렇군요."

나는 어느 나라 사람이냐는 질문에 한국인이라는 대답을 듣고 마음속의 긴장이 조금 풀리는 듯했다. 그들은 그저 지나가는 길에 나를 본 것뿐이었지만, 그들의 따뜻한 시선이 나를 위로했다.

산에서 내려가면서 내 마음속에는 신비로운 빛과 물속의 연못에 대한 질문이 떠올랐다. 나는 그곳에 또 가고 싶었지만, 매번 혼자 가는 것은 두려웠다. 특히, 남자들이 오면 더욱 불안했다. 그러나 하나님이 보여주신 그 빛이 무엇인지 확인하고 싶은 마음은 내게 그 두려움마저 잊게 했다. 나는 연못 속에 있는 그 빛이 나에게 어떤 메시지를 전하려고 하는 것인지, 그 의미를 반드시 알아내고 싶었다.

어둠 속에서도 그 빛이 반짝이는 연못의 모습이 내 머릿속을 떠나지 않았다. 나는 그 빛이 나를 향한 하나님의 인도임을 믿고 싶었다. 하나님이 내게 주신 사명, 그리고 그 연못 속에 숨겨진 진리가 무엇인지 찾기 위해 나는 다시 그곳을 향할 용기를 내야만 했다. 그 여정은 두려움이 아닌, 하나님과의 깊은 교감으로 가득 차기를 바라는 마음으로 나는 다시 연못을 향한 발걸음을 내딛었다. 그러나 여전히 마음 한편에는 불안과 두려움이 자리하고 있었다.

'내가 들어가도 될까? 만약 잘못되면 어떡하지?'

그러면서도 하나님께서 계속해서 들어가라고 하시는 듯한 느낌이 들었다. 그럼에도 불구하고 나는 스쿠버다이빙 경험도 없고, 나이도 많아 이렇게 들어가기가 힘들었다. 그때가 내가 60세가 넘었을 때였으니 몸이 젊지 않다는 것을 잘 알고 있었다.

주변 사람들은 내가 물속에 들어가는 것을 걱정스러운 눈빛으로 바라보았다. 내 아이들조차 "엄마, 위험해요. 절대 안 돼요"라고 만류했다. 그런 애정 어린 걱정에도 불구하고 나는 한 번은 들어가야겠다는 마음이 굳건했다. 내가 하나님께서 주신 사명을 이행하지 않으면 내 마음은 결코 평온할 수 없었다.

그러던 중 독일에서 선교사님이 오셨다는 소식을 들었다. 내 동생의 집에 방문한 선교사님이었는데, 그의 아내에게 연락이 왔다.

"우리 신우가 독일에서 선교를 하고 있는데, 두 내외가 오니까 저녁이나 같이 드세요."

그때 나는 내가 본 환상에 대해 이야기도 할 겸 함께 저녁을 먹기로 했다. 저녁이 되어 우리는 식사를 하며 여러 이야기를 나누었다. 그러던 중 나는 내 마음속의 간절한 의문을 털어놓았다.

"제가 물속에 들어가야 해요. 그 빛이 있는 곳에서 하나님께서 원하시는 일을 하고 싶어요. 그런데 제가 물속을 들어가지 못하겠어요. 같이 가서 함께 기도해 주세요."

"우리도 같이 가겠습니다."

선교사님과 그의 아내는 나의 결심을 듣고 감동했고, 나를 응원해 주었다.

이튿날 아침, 우리는 도시락을 싸고 그 연못으로 향했다. 바위 위에 앉아 나는 주위를 둘러보았다. 그곳은 나에게 신비로운 장소였다. 아무도 없는 고요한 가운데 우리는 함께 기도를 시작했다. 그러던 중 놀라운 일이 벌어졌다. 사모님이 기도를 시작하자, 그녀의 목소리는 부드럽게 울려 퍼졌다.

'하나님, 저희에게 빛을 비춰주세요. 주님의 뜻을 알게 하소서.'

그 기도가 끝나고 잠시의 침묵이 흐른 순간, 사모님의 눈이 크게 열리며 놀란 표정을 지었다.

"어머나, 저기 보세요! 빛이 보여요! 물속에서 신비로운 빛이 반짝이며 나타나기 시작했어요. 저기… 예수님이에요!"

사모님이 떨리는 목소리로 말했다.

"물속에서 나오는 것 같아요!"

그녀의 말에 나와 그녀의 남편은 눈을 크게 떴다.

"예수님의 모습이 점점 더 선명하게 드러나며 그의 가슴에서 찬란한 십자가가 솟아나기 시작했어요. 빛이… 저기에!"

그녀의 목소리가 감격으로 가득 찼다.

"이 십자가가 우리에게 다가오고 있어요. 십자가가 바위 위로 점점 다가와요. 마치 우리의 기도를 직접 받기 위해 그곳에 오는 것처럼요. 십자가가 격자로 방향이 꺾이면서 지금 우리가 있는 바위에 닿았어요. 주님의 사랑과 희망이 이곳에 있다는 것을 보여주고 있어요."

사모님은 눈물을 흘리며 말했다.

그녀의 환영을 듣는 내내 나도 눈물을 흘렸고, 바위와 우리의 마음속에 어떤 신성한 에너지가 흐르는 듯한 기분이 들었다. 사모님은 감격에 차서 말했다.

"이 모든 것은 단순한 환상이 아니에요. 주님께서 우리의 기도를 들으시고 우리에게 힘을 주시고 인도해 주신다는 것을 확신하게 되었어요."

그녀의 말 속에는 그 환상이 단순한 비전이 아니라, 하나님이 우리와 함께하신다는 확고한 믿음이 담겨 있었다. 우리는 서로의 눈을 바라보며 그 신비로운 순간을 함께 나누고, 주님의 존재를 더욱 깊이 느낄 수 있었다. 그 순간 나는 하나님께서 내게 주신 숙제를 깨달았다. 이 모든 일이 나를 위해 준비된 것이었고, 나는 그 사명을 완수해야 한다는 것을 깨닫게 되었다.

'아, 하나님! 제가 이 물속으로 들어가야 하는 이유가 여기에 있었군요!'

나는 내 마음속에 가득 찬 감사함과 경외감을 느꼈다. 하나님께서 나에게 보여주신 것이 바로 믿음의 행위였고, 그 길을 걷는 것이 나에게 주어진 숙제라는 것을 알았다. 나는 이제 진정으로 그 물속에 들어가야겠다는 결심을 더욱 확고히 했다. 나는 그 후에도 몇 번을 물속으로 들어가려고 시도하다 또 하나의 손가락을 잃었지만, 하나님께서 내 삶의 이끌림을 통해 무엇을 원하시는지를 잘 알고 있었기에 앞으로 나아가는 것이 두렵지 않았다.

내 나이 이제 80을 바라보고 있지만, 스쿠버다이빙을 배워 그 물속으로 들어갈 계획을 세웠다. 그때는 그 연못이 주정부 소유였지만 지금은 개인 소유가 되어 마음대로 들어갈 수가 없게 되었다. 그러나 이 일이 하나님이 내게 주신 숙제라면 그 방법도 알려주시리라 믿고 있다. 내가 포기하지 않으면 언제나 그랬듯이 길을 보여주실 것이다.

우리가 어떻게 태어났든지 간에 하나님은 우리 각자에게 특별한 역할과 사명을 주셨다. 내가 살아가는 이 세상에서 나의 존재는 우연이 아니며, 나를 위해 준비된 계획이 있다는 사실이 나를 더욱 격려했다. 하나님께서는 각 개인이 그리스도 안에서 선한 일을 할 수 있도록 만드셨고, 이는 단순한 사명이 아니라 우리의 존재 이유임을 깨닫게 되었다.

나는 이 말씀을 통해 하나님이 환영을 통해 보여준 그 숙제가 나의 마지막 사명임을 더욱 확고하게 깨달았다. 그리고 살아오는 동안 내가 어떤 일을 하든지 그 일은 하나님께서 나를 위해 예비해 놓으신 선한 일이란 생각이 들었다.

나는 하나님께서 나를 만드시고, 그리스도 안에서 내가 이루어야 할 선한 일을 이미 예비해 두셨다는 사실을 기억하며, 앞으로 나아갈 길을 힘차게 걸어가고 싶다. 이 말씀은 나뿐만 아니라 모든 사람에게 주어진 하나님의 부르심임을 깨닫고, 그 사명을 발견하고 실천하는 삶을 살아가길 소망한다.

16

하나님과
함께하는 삶

....

"소망의 하나님께서 여러분에게 모든 기쁨과 평안을 가득 채워 주셔서 믿음 안에서 소망이 넘치게 하시고, 성령의 능력으로 충만하게 하시기를 바랍니다." (로마서 15:13, 쉬운말 성경)

....

나는 평생을 하나님과 함께했다. 20대부터 80 가까이 된 지금까지 나의 모든 순간을 기도했으며, 질문했고 응답을 받았다. 내가 특별해서가 아니다. 나는 그저 하나님을 믿었고, 그분의 딸로 살기를 원했기 때문이다. 순수한 신앙심에 깃든 성령이 충만한 삶은 마치 어두운 밤하늘에 찬란한 별들이 반짝이는 것과 같다. 이 별들은 단순한 빛의 존재가 아니다. 그 빛은 내 삶의 모든 구석구석에 스며들어 나를 인도하고 변화시키는 힘으로 작용한다. 매일 아침잠에서 깬 후 하루를 시작하기 전에 나는 잠시 기도하며 마음의 문을 연다. 그때 성령의 따뜻한 위로가 내게 쏟아져 온다. 마치 햇살이 드리워지듯 내 마음은 평안으로 가득 차고 세상의 소음은 잦아든다.

이 평안은 하루를 보내는 동안 계속된다. 성령의 인도를 받는 것은 언제나 신비로운 경험이다. 각자의 일상에서 처한 다양한 상황 속에서 나는 성령의 음성을 듣곤 한다. 예를 들어, 길을 걷다가 힘든 표정을 짓고 있는 누군가를 보면, 성령은 내 마음에 따뜻한 도움의 손길을 내밀라는 메시지를 전달한다. 또한 힘든 순간에 주님을 더 깊이 의지하라는 마음이 스며들 때 나는 성령의 충만함을 느끼게 된다. 그런 마음이 내 행동으로 이어지고, 나를 통해 누군가의 삶에 작은 변화가 일어날 때마다 성령이 내 안에서 어떻게 역사하시는지를 생생히 실감하게 된다.

이런 성령의 충만함은 단지 개인적인 체험에 그치지 않는다. 성령의 임재가 느껴지는 순간, 나는 공동체와의 연결도 더욱 깊어진다. 교회당에서 함께 예배를 드릴 때 성령의 역사로 인해 서로의 기도가 하나로 묶이고, 찬양 속에서 나누는 위로의 순간들은 내 마음을 더 따뜻하게 만든다. 그런 순간들 속에서 성령이 나를 통해 다른 사람들에게도 영향을 미치고 있음을 깨닫는다. 우리의 아픔과 기쁨이 하나로 연결될 때 성령은 그 가운데서 우리를 하나로 엮어주는 힘이다.

성령이 충만한 삶은 또한 내 안의 연약함을 받아들이고, 그 속에서 하나님의 은혜를 발견하는 과정이기도 하다. 내가 할 수 없는 것들을 성령께 의탁할 때 그분의 능력이 내 약함을 감싸고, 나를 더 강하게 만든다. 그래서 불가능해 보였던 일들이 이루어질 때 나는 그 모든 것이 나의 힘이 아니라 성령의 역사임을 고백하게 된다. 내 삶 속에서 일어나는 기적들은 나를 더욱 겸손하게 하고, 그 속에서 하나님의 위대한 계획을 엿볼 수 있다.

이렇게 성령이 충만한 삶을 살고 있다는 것은 나에게 큰 기쁨이자 감사다. 그 충만함이 나를 이끌고, 나의 삶을 변화시키며, 다른 이들에게 하나님의 사랑을 전하는 통로가 되어주기 때문이다. 나는 매일매일 성령의 인도하심을 바라며 그분과 함께하는 여정을 계속해 나가고 싶다. 이 여정은 종종 험난하고 불확실하지만, 성령의 인도하심을 믿으며 한 발짝씩 나아간다. 그렇게 나는 매일매일 더욱 깊은 신앙의 깊이를 경험하며, 그 안에서 성령의 은혜와 사랑을 발견해 나간다.

성령은 내 삶을 통해 지속적으로 역사하시는 분이며, 그분의 충만한 은혜 속에서 나의 존재 의미와 목적을 찾아가는 여정을 계속 이어가고 싶다. 내 주변의 많은 친구들과 가족들이 어려움을 겪고 있을 때 그들은 하나님을 의지하며 굳건한 믿음으로 살아가고 있었다. 그들의 삶 속에서도 하나님이 주신 기쁨이 흘러넘치는 모습을 보았다. 그 기쁨은 세상이 줄 수 없는 것이며, 오직 하나님과의 깊은 관계 속에서만 경험할 수 있는 특별한 것이었다. 그 결과로 얻은 기쁨은 어떤 문제도 이겨낼 수 있는 힘이 되어준다.

되돌아본 나의 삶은 힘들었지만 하나님의 성령과 함께한 찬란하고 귀한 여정이다. 홀로 시작한 이곳 미국에서 남편을 만나 둘이 되고, 세 명의 아이들이 태어나고 자라서 그 아이들의 자녀들이 태어났다. 큰딸은 맏이라 그런지 말썽 한 번 없이 참하고 바른 성품으로 커주었다. 내겐 친구이자 든든한 기둥이다. 엄마를 대신해 동생들을 말없이 돌봐주던 아이! 그 아이의 성품을 꼭 닮은 착한 사위를 만나 행복하게 살고 있다.

그리고 둘째 아들은 자라면서 엄마의 기대에 맞추느라 많이 힘들었을 것이다. 아들을 생각하면 내가 너무 큰 짐을 주고 무조건 내 뜻만 강요해 오진 않았는지 참으로 미안할 때가 많다. 지금은 미스코리아 서울 진 출신의 이쁜 아내와 그 둘을 꼭 닮은 아이들의 가장이 되었다. 목사님인 아버지 밑에서 귀하고 참하게 자란 며느리가 아들과 결혼해 홀로 가족과 떨어져 낯선 미국생활을 해나가면서 고생이 많았으리라. 가족도 얼마나 그리웠겠는가? 나의 젊은 날이 떠올라 며느리에게 한없이 고마울 따름이다.

막내딸은 사위와 함께 한국에 살고 있다. 우리 부부가 한국에 올 때마다 맞이해 주는 이쁜 손주 아이들의 재롱을 볼 때마다 나는 이게 행복이구나 생각한다.

'소망의 하나님'이라는 표현은 내게 정말 큰 의미가 있다. 하나님은 우리가 어떤 상황에 있든지 간에 소망을 주시고, 그 소망을 통해 우리를 가득 채우시는 분이기 때문이다. 기도가 끝난 후 내 마음속에서 넘치는 기쁨과 평안을 느낄 수 있었던 것은 그때마다 하나님이 나의 가족을 얼마나 사랑하시고, 소중히 여기시는지를 깊이 깨닫기 때문이다.

그래서 나는 매일매일 하나님께 기도하며, 그분의 뜻에 순종하며 살아가고 있다. 하나님과의 관계 속에서 나는 날마다 성령으로 가득 차게 되었고, 나의 삶은 풍요로웠다. 나의 삶이 하나님께 드려진 헌신으로 채워질수록 나는 기쁨과 평강으로 충만해지는 것을 느꼈다. 이제는 그 기쁨을 나누고 싶다. 주변 사람들에게 하나님이 주신 기쁨을 전하며, 그들도 하나님과 함께하는 삶의 기적을 경험하길 바란다. 하나님은 우리가 그분을 의지할 때, 언제나 우리의 기도를 들어주시고, 그로 인해 우리는 삶의 고난을 이겨내는 힘을 얻게 된다. 이제는 나의 모든 일상 속에서 소망을 잃지 않도록 노력할 것이다.